生活中的
经济学
思维方式

| 刘朋◎编著 |

中国纺织出版社有限公司

内 容 提 要

经济学思维作为一种独特的思维方式，与生活中的各种决策息息相关。本书作者将带领读者运用经济学的思维方式重新审视与个人生活息息相关的政治、文化、社会、婚姻、家庭等各方面的问题，将接地气的各种生活案例与经济学理论相结合，抽丝剥茧，透视决策背后的经济学逻辑，深入浅出地讲解其中的经济学常识。

图书在版编目（CIP）数据

生活中的经济学思维方式 / 刘朋编著. --北京：中国纺织出版社有限公司，2023.4
ISBN 978-7-5229-0341-5

Ⅰ. ①生… Ⅱ. ①刘… Ⅲ. ①经济学—通俗读物 Ⅳ. ①F0-49

中国国家版本馆CIP数据核字（2023）第027728号

责任编辑：段子君　　责任校对：高　涵　　责任印制：储志伟

中国纺织出版社有限公司出版发行
地址：北京市朝阳区百子湾东里 A407 号楼　邮政编码：100124
销售电话：010—67004422　传真：010—87155801
http://www.c-textilep.com
中国纺织出版社天猫旗舰店
官方微博http://weibo.com/2119887771
三河市延风印装有限公司印刷　各地新华书店经销
2023 年 4 月第 1 版第 1 次印刷
开本：710×1000　1/16　印张：15
字数：174千字　定价：58.00元

凡购本书，如有缺页、倒页、脱页，由本社图书营销中心调换

前言

经济学思维,听上去似乎是"屠龙之技",其实,它离我们并不远。

例如,大型的核酸检测,为什么要10个人一组?

其实,分组检测,就是一种典型的"经济思维"。如果对每个样本都进行一次检查,那么,对一座1000万人口的城市做全员核酸检测,就要做1000万次。然而,采用分组检测的方法,将每10个样本归为一组,就减少了90%的工作量。正是用这种经济、高效的方法,可以节约大量的人工成本和试剂成本,让一个特大城市能够在三天之内完成全员核酸检测工作。

人人都应有"经济思维"。

经济学的知识体系发展到今天,已经成为一门显学。甚至可以说,它已经成为一种"道"。"道不远人"。在日常生活中,无论是知识分子,还是贩夫走卒,都会讲一句:"这样做最经济,最实惠。"这其实就是一种下意识的"经济思维"。

深究起来,经济学的知识谱系,其实是从"小"到"大"逐步构建的。

"经济学",即英文"economy"一词,起源于古希腊思想家苏格拉底的弟子色诺芬所著的《经济论》,用希腊文表示为"oikonomia",其本意是"家庭管理",因为古希腊实行奴隶制,经济活动是以家庭为单位进行的。

所以,"经济"这个概念,可大可小。

往大了说,它可以"治国、平天下",而西方经济学中的宏观经济学,正是各国政府政策的依据,是"经世济民之学"。

往小了说,经济学还可以"修身、齐家",正如它原始的含义,就是"家庭管理"。所以,在日常生活中,我们常用"经济"来指代"划算"。比如,我们在日常统筹中,常常说"这样做最经济",连小饭馆也知道用"经济实惠"来招揽生意。因此,经济具有"耗费少而收益多"的含义,是"经济实惠之学"。

所以,翻译家严复最早将经济学翻译为"计学"——生计之学。后来,严复又介绍了一种日本学者神田孝平的翻译方法——经济学,它其实是借用了古代汉语的"经济"一词。

可以说,经济学是一种"达则兼济天下,穷则独善其身"的学问。

经济学并不仅仅是一种"屠龙之技",它和我们每个普通人的生活息息相关。我们可以随时随地用经济学的观点去阐释日常现象,来淬炼我们的思维。

普通人这一辈子,大约要做20000000次选择。向左走,还是向右走?买安卓手机还是苹果手机?股票抛还是不抛?独身还是结婚,和谁结婚?

我们有选择的自由,却没有不选择的自由。不同的选择,意味着不同的代价与收获。

人,生而自由,却无处不患得患失。

人一出生,就被推向一系列大大小小的抉择,并贯穿我们的一生。

而经济学正是一门关于选择的学科。特别是前沿的"行为经济学",更是将选择与人性揭示得淋漓尽致。

根据传统经济学假设,人是自私而且理性的,总能做出最优的选择。这就是所谓的"经济人"假设。

按照这种假设,人人都应该像苏格拉底一样聪明、像葛朗台一样贪婪、像曼德拉一样意志坚定。

如你所知，真实的世界根本就不是这样的。

在经济学鼻祖亚当·斯密的《国富论》中，最著名的一段话是：我们今天所需的食物和饮料，不是出自屠户、酿酒师或面包师傅的恩惠，而是由于他们自利的打算……

这成为"经济人"假设的理论基础。

经济学发展到今天，其理论范式与研究方法已经发生了巨大变化。例如，一些学者还将心理学、概率论甚至脑科学研究等成果引入经济学。最明显的一个变化是，昔日被视为旁门左道的"行为经济学"已经登堂入室，成为一门显学。

2002年，心理学家丹尼尔·卡尼曼和经济学家弗农·史密斯分享了诺贝尔经济学奖。这标志着行为经济学正式被主流经济学界所承认，行为经济学第一次走进大众视野。

经济学被称为"社科皇冠上的明珠"。但在现实实践中，传统经济理论已经显得欲振乏力。每次经济危机之后，都会掀起对它质疑的新高潮。传统经济学的理论大厦已经摇摇欲坠。行为经济学一直是以批判者的面孔出现，但它并不否认传统经济学中合理的部分。

但传统经济学需要与行为经济学相配合，才能继续维持它"社科皇冠上的明珠"的地位。

作为"修正者"，行为经济学有两个"灵魂"，使其区别于新古典经济学：一是行为主体并非一味地追求自身物质利益的最大化；二是行为主体在决策中存在认知局限和系统偏差，并不是完全理性的。

所以说，行为经济学一方面修正了单一自利动机的片面性，另一方面修正了完全理性的片面性。

某韩国学者所著的行为经济学读物中有这样的文字："行为经济学不过是最近10年才出现的经济学理论的新分支。"

这其实是个很大的误解。

行为经济学不是新学,也不是某个人开创的有体系的学科,它是众多智者各自不同发现的集合。

行为经济学与传统经济学并不是完全对立的,它们相伴而生。

国际公认的最早的关于行为经济学的论述,可以追溯到亚当·斯密的《道德情操论》。在这本书中,斯密认为人并不是完全自私的,人类是具有同情心的,人与人之间是可以达成信任与合作的,否则人与人之间就无法做交易,市场就无法形成。

斯密还谈到,相对于获得,人对于损失更为敏感。这与行为经济学中著名的"损失厌恶"理论相映成趣。

此后,诸如著有《有闲阶级论》的凡勃伦等一批经济学家,也曾经对"经济人"假设产生冲击,也可视为行为经济学家。

而所谓的传统经济学,是建立在经济学鼻祖亚当·斯密的《国富论》基础上的。

这就像武侠小说中的某个门派,分为两个支派,一派自诩为"气宗",一派自诩为"剑宗"。其实,祖师爷是既练气,又练剑。

如今的趋势是"剑气合流",汪丁丁教授在很多年前就曾断言:未来的经济学,全部都是行为经济学。

这本《生活中的经济学思维方式》取材日常生活,从经济学的角度出发,为人们解读日常生活中的热现象和冷知识,诸如为什么星巴克咖啡那么贵?用经济学思维该如何治理垃圾电子邮件?为什么许多商家都推行会员积分制……以经济学的"屠龙刀"解剖看似微不足道、司空见惯的日常生活中的小事,深入浅出地讲解经济学常识。

本书还涉及经济学最前沿的理论范式与研究方法,比如,将心理学、概率论甚至脑科学研究等成果引入经济学的"行为经济学"。这本"硬核经济学"运用前沿的经济学思维去考量政治、文化、社会、婚姻、家庭等各方面的问题,将最接地气的生活案例与经济学理论相结合,是一本既能轻松阅读,又能令人有所收获的书,可谓有趣、有料、有用。

编著者

2022 年 11 月

目录

第1章 裙摆指数靠谱吗
  裙摆长短能反映经济景气吗 / 3
  数据相关性不代表因果性 / 4
  迷信行为与"伪因果" / 6
  人和动物都会迷信 / 8
  流言是怎样产生的 / 9

第2章 小心即大胆
  前景理论 / 13
  行为经济学的关键 / 14
  普罗大众对损失更为敏感 / 15
  禀赋效应与敝帚自珍 / 17
  所有权眷恋 / 19
  蛇咬效应 / 20
  当猴子有了钱 / 21
  观念也有禀赋效应 / 22
  强调双赢，促进合作 / 23
  谨慎和大胆，只是一体两面 / 24
  你是个"见好就收"的人吗 / 26

1

为避免小损失，甘冒大风险 / 28

翻倍下注效应 / 29

人们厌恶的只是损失，而不是风险 / 30

迷失于稀有事件 / 31

第3章　没有比较，就没有鉴别

参照点（参照系）依赖 / 35

打折与返券，哪个更优惠 / 36

幸与不幸，都是比出来的 / 37

同侪悖论 / 38

风险偏好大逆转 / 39

交替对比 / 40

中杯效应 / 41

陪衬品只是"药引子" / 42

厌恶极端 / 43

秒杀顾客的价格诱饵 / 45

人质危机与框架效应 / 46

第4章　心智分账

输了5元，还是2.62亿元 / 51

蕉鹿自欺 / 52

"庄家的钱"效应 / 53

你有几个钱袋 / 55

你有划分"心理账户"的倾向吗 / 56

你会给钱贴"标签"吗 / 57

"飞机撒钱"可以刺激消费吗 / 57

大钱小花，小钱大花 / 58

目录

越有钱，越一毛不拔吗 / 59
小处精明，大处浪费 / 60
心理账户的利与弊 / 63
沉没成本谬误 / 64
承认失败方可终止失败 / 65
预设输赢的上限 / 65
你会利用"心理账户"吗 / 66
行为经济学的精髓是什么 / 67

第5章　懊悔规避与寻求自豪

懊悔规避 / 71
行动的懊悔 VS 忽视的懊悔 / 72
行动不如不动 / 73
季军反而比亚军更快乐 / 74
反事实思维 / 74
进退维谷 / 75
当房子成为负资产，你会懊悔吗 / 77
外重者内拙 / 78
宁错勿孤 / 79
固守现状 / 81
追求自豪的"卖出效应" / 83
让蹩脚的交易员放弃头寸，比让他们离婚还难 / 85

第6章　随意却有效的锚定效应

先入为主 / 89
"维多利亚的秘密"的秘密 / 90

飞来之锚 / 91

硬塞给你的"锚定点" / 92

随机锚定也会影响你 / 93

你计划花多少钱买订婚戒指 / 95

利用"锚定效应"操纵谈判 / 96

杀价的艺术 / 97

"虚头"有时是无奈之举 / 98

"地王"是楼市之锚 / 99

交易效用 / 100

常识的陷阱 / 101

超预期让顾客勃然兴奋 / 102

粉丝行为经济学 / 104

第7章 自信、自负与拖延

狂者幸存 VS 惶者生存 / 109

你自信过头吗 / 110

计划谬误 / 113

一届长达 31 年的奥运会 / 114

过度自信是灾难的根源 / 114

省小钱，费大事 / 115

过度自信导致交易频繁 / 116

控制错觉 / 117

资讯幻觉 / 117

自负的创业者 / 118

事前的"验尸报告" / 119

概率盲 / 119

第8章 懂经济，就要有概率思维

孤注一掷，还是细水长流 / 123

随机，有时看起来不那么随机 / 124

失踪的弹孔 / 125

幸存者偏差与选择偏倚 / 127

你知道降水概率的含义吗 / 129

第9章 当男士被验出怀孕时

神奇的贝叶斯方法 / 133

频率学派 VS 贝叶斯学派 / 139

你真的能看懂化验报告吗 / 140

基础概率谬误 / 141

假阳性与假阴性 / 144

"三门问题"与条件概率 / 145

如何鉴别假阳性和假阴性 / 149

第10章 统计学中的黄金定理

大数法则 / 155

骗术一定要高明才有效吗 / 157

有量有成交 / 158

样本越大越稳定 / 159

抛 10000 次硬币的实验 / 160

险些被掩埋的黄金定理 / 161

小数法则 / 167

第11章　趋于平庸法则

均值回归，堪比万有引力的发现 / 171

虎爸虎妈错了吗 / 171

大样本随机双盲实验的必要性 / 175

热手效应和赌徒谬误 / 176

正态分布，混乱世界的神明 / 177

中心极限定理 / 179

第12章　时间折扣

狙公戏猴与时间价值 / 183

效用贴现 / 184

贴现率 / 185

意志力的崩溃 / 186

信用卡危机 / 187

"远水"与"近渴" / 188

如果没有明天，你现在会怎样 / 190

先吃好葡萄，还是坏葡萄 / 191

享受当下与享受未来 / 191

传统贴现效用理论 / 192

"朝四暮三" VS "倒吃甘蔗" / 193

鲁文斯坦的新贴现理论 / 194

未来损益贴现率 / 194

抉择取决于人先前的期望 / 195

景气指数与投资储蓄 / 196

操不同语言者的储蓄观念 / 197

负债规避 / 197

消费愉悦 VS 支付痛楚 / 199

套餐，套你没商量 / 199
支付痛感决定了你的慷慨程度 / 200
小气鬼和败家子是天生一对吗 / 201

第13章　这样做，最经济

"穷病"如何治 / 205
用医学的方法研究"穷病" / 206
其实，你不懂穷人怎么想 / 207
钱多未必能搞定一切 / 208
峰终定律决定你是否幸福 / 209
人生如戏，戏如人生 / 210
施恩于人，宜点滴渐进 / 211
长痛不如短痛 / 212
先报喜，后报忧 / 213
重大利好可以"冲喜" / 214
送礼有学问，效果大不同 / 215
两好选一好，不如没的选 / 216
苦乐皆有适应性 / 217
好消息应当提早宣布 / 218
适度"包装"的必要性 / 218
回到边沁时代 / 220
伊斯特林悖论 / 220
财富能够继承，合理吗 / 222
国民幸福总值 / 224

第1章 裙摆指数靠谱吗

人类历史上盛行着一种古老的谬误：如果在A之后发生了B，那么A一定会导致B。

假设有位史前猎人，某天听见一只喜鹊在叫，接着他猎到了一只鹿。从此他就认为，这喜鹊的叫声能带来好运。

这位猎人打了个喷嚏，接着有位亲戚来访。从此他就相信，打喷嚏必然兆示有客人到来。

只有将不确定性变为确定性，人类才能获得安全感，才能睡得香，这是亘古不变的思维习性。

心理学家吉拉维奇（Thomas Gilovich）通过对费城76人球队的球迷、教练、队员的调查发现，大家都有一信念：如果队员投篮连续命中，大家都相信球员"手感好"，下次投篮还会得分。

事实上，篮球教练也是根据球员"手感理论"来确定攻防战术的。

但是，吉拉维奇通过大量的统计分析却显示，手感理论只是一种迷信，实际上并不存在这种现象，即同一个队员，投篮的进球情况在统计上没有任何必然联系。

吉拉维奇的发现在美国体育界引起轩然大波。

吉拉维奇居然敢否定大家的常识！这个结论，很难让人接受。

牝牛和牡马，就算发情也不会交配，是谓风马牛不相及。把驴唇和马嘴作为因果，是人类不易觉察的思维盲区。

裙摆长短能反映经济景气吗

元稹《樱桃花》诗云："花砖曾立采花人,窣破罗裙红似火。"女子的裙装能将人世间点缀得更加美丽。

观察妇人裙摆的,不仅有诗人,还有无处不在的经济学家。据说,他们能从中观察出经济的繁荣或萧条。

"裙摆指数(The Hemline Index)"是一个广为人知的大众经济学指数。1926年,美国一位名叫乔治·泰勒的提出:裙摆离地的尺码与股市盛衰成正比,即裙脚越高,股市越"牛",经济指数越景气;反之,裙摆越长,着地则预示股熊市不远了。泰勒提出该指数的一个重要依据是:"当经济增长时,女人会穿短裙,因为她们要炫耀里面的长丝袜;当经济不景气时,女人买不起丝袜,只好把裙边放长,来掩饰没有穿长丝袜的窘迫。"

长久以来,大众对此深信不疑,甚至有一些专家穿凿附会,解释其中缘由:女为悦己者容,在经济繁荣的时候,女性倾向于穿搭性感的短裙;经济不景气的时候,女性就失去了捯饬自己取悦男人的兴趣,倾向于用长裙把自己包裹起来。例如,纽约大都会博物馆服装馆馆长哈罗德·柯达认为:"当人们的心理遇到困境、悲观情绪滋长时,衣服就会朝着保守低调的方向发展,如长袖、高领、长裙。"

然而,事实是这样吗?

鹿特丹伊拉斯谟大学经济学院的菲利普·汉斯教授一针见血地说:"相信裙摆能预测经济,这和某些神职人员相信女性衣着暴露会导致地震一样荒谬。"他研究了权威的法国时尚杂志《L'OFFICIEL》,统计出从1921年到2009年裙子长短的流行趋势和经济之间的关系,发现两者的相关性很差,这表明经济衰退和较长的裙子之间根本没有必然关联。

时尚行业的业内人士也对"裙摆指数"不以为然。且不说丝袜这种快消品会不会成为决定穿搭的依据,服装设计者根本不会去"设置"裙摆的长度,在同一个季节,不同的设计师会展示不同的想法,而普通女性,不过是根据媒体的宣传,研究当年的流行趋势,"赶时髦"。

当乔治·泰勒提出"裙摆指数"时,不过是个25岁的小伙子,正在一家不知名的学校教授工商管理学,"裙摆指数"并未经过全面的统计学分析,极有可能只是泰勒的即兴之作。"裙摆指数"这个概念之所以风行天下,是因为这个指数活色生香,很容易成为大众谈资。类似概念还有"口红指数""鞋跟指数""长发指数"等,这些谈资能拯救那些很容易冷场的深度分析。谈笑之余,至于这些指数到底是否靠谱,大众往往并不太在意。因为大部分人并不具备原因与结果的经济学思维。

数据相关性不代表因果性

如果在两个事件中,前一个事件是后一个事件的原因,后一个事件是前一个事件的结果,则两个事件之间存在"因果关系";如果一个事件变化后,另一个事件也随之发生变化,但二者不属于原因和结果的关系,则称它们之间存在"相关关系"。

这里所说的"事件"等可以取各种值的数据称为"变量"。变量可以是年龄、身高、裙摆长度、股市指数等。两个变量的关系是否真的是因果关系？解答这个问题所需的思维方法便是"因果推理"。

判断两个变量属于因果关系还是相关关系时，可以通过以下三个问题进行质疑。

①是否"纯属巧合"？

②是否存在"第三变量"？

③是否存在"逆向因果关系"？

例如，1929年股市崩盘，大萧条到来的时候，妇人的裙摆很长。20世纪50年代玛丽莲·梦露的时代，裙摆慢慢开始上升，与此同时，股价上升。20世纪60年代黄金时期，道琼斯指数直上万点，女装中迷你裙大行其道。20世纪70年代，阿拉伯国家石油禁运导致美国经济不振，所以很多设计师都推出长可及踝的裙子。

这些现象，是不是纯属巧合？

美国信息分析员泰勒·维根在其著作《伪相关》一书中介绍了很多"纯属巧合"的事例。例如，"尼古拉斯·凯奇一年参演电影的部数"与"泳池溺亡人数"存在高度的相关关系，但并不等于因果关系。然而，当有人煞有介事地把尼古拉斯·凯奇一年参演电影的部数与泳池溺亡人数做成图表进行比对的时候，真的会有人把伪相关当作因果关系。

与之类似的一个现象就是"丁蟹效应"。它是指股票市场的一个现象，从郑少秋于1992年在《大时代》中饰演丁蟹开始，凡是播出由郑少秋主演的电视剧、电影等时，恒生指数或A股均有不同程度的下跌，股民损失惨重。

1992年10月5日，《大时代》在中国香港首播，节目播出后恒生指数一个月内跌幅曾多达1283点（20.6%）。

1994年10月,《笑看风云》中国香港首播,节目播出后恒生指数一个多月内跌幅曾多达1976点(20.5%)。

1996年2月,《天地男儿》中国香港首播,节目播出后恒生指数一个多月内跌幅曾多达1254点(10.9%)。

2006年4月,《潮爆大状》中国香港首播,节目播放完毕的四个交易日后,恒指在一个多月内急挫,最大跌幅达2097点(12.1%)。

2010年5月10日晚,《神医大道公》首播,5月11日上证指数开盘2752.50点,下午上证指数跌至2604.20点,收市仍跌148.30点。

实际上,2009年3~4月,郑少秋主演的《台球天王》播出期间恒生指数就持续上涨13%以上,但鼓吹丁蟹效应的人却选择性失忆。

不少预测大盘的人都会相信纯属巧合的伪相关,把它们当作没有依据却非常灵验的经验之谈。

生活中存在很多无厘头理论,用来作为谈资也就罢了,用来指导决策只能使人误入歧途。

一个好故事,一个妙喻,远比寻找真相更能打动人类。很多理论的流布,并非基于其准确性,而是基于其传染性。

迷信行为与"伪因果"

20世纪40年代,日军曾驻扎在西南太平洋一个偏远的岛屿,叫作拉尼西亚岛。岛上的土著居民在此以前从未见过现代文明,所以,他们对日军和他们带来的东西感到非常惊奇。

他们发现日军修建了机场跑道和控制塔，带着耳机的士兵对天呼叫，然后满载着大量货物的大铁鸟便从天而降。当铁鸟降落后，便有货物从中卸载。

日本投降以后，盟军也在这个岛屿上驻扎了一段时间。岛上的土著发现，伴随一些古怪行为，会发生大型铁鸟从天而降的现象，铁鸟肚子里面装载着大量外来物品——罐头食物、衣服、车辆、枪支、收音机、可口可乐等——被新来者称为"货物"。当有飞机送来补给后，盟军甚至会发一些东西给岛上的土著，这些现代社会才有的物品为岛民们带来了极大的快乐，他们把这些驻军当作神一样的存在。

终于，有一天，盟军离开了，大铁鸟也不再回来了。为了再次得到那些神奇的货物，拉尼西亚岛上的土著居民用竹子建造了自己的跑道、控制塔，让他们的头领登上平台，并让他戴上用椰子做的耳机。但无论他们如何努力尝试，大铁鸟再也没有回来。

几十年后，人类学家做田野调查，再次发现了与世隔绝的拉尼西亚岛。岛上的土著居民还保留着一种宗教仪式——他们用稻草和椰子修筑了跑道，用竹子和绳索建造了控制塔，并且打扮成战时士兵的模样。他们头戴用木头雕刻成的耳机，在"跑道"上模仿指挥飞机着陆的动作。

人类学家把岛上居民的这一奇怪的宗教仪式命名为"Cargo Cult"，即货物崇拜。

人类行为中存在着大量"货物崇拜"，无论是创业还是经营，只看到形式，却看不到背后的资源与条件。

人和动物都会迷信

为事件建立因果关系，是我们人类的本能。

一般来说，窸窣作响的草丛意味着有猛兽正虎视眈眈，下游远端传来的雷鸣般的轰隆声意味着我们正在逼近瀑布。探究事情的起因，寻找相应的模式，是我们人类的生存本能。

我们会留意先后顺序，发现事件 A 发生后，事件 B 往往紧随其后。例如，我们注意到不看路就走到马路上的人往往会被车撞，乌云密布总是意味着雨水即将来临。

我们察觉到的很多模式都是建立在因果关系基础上，否则，我们恐怕早就灭绝了。

世事无常，这的确令人不安。我们想知道事情为何会发生，找到因果关联，了解我们所观察到隐藏在现象背后的规则。以获得一种解释和稳定，因此对于事情的发生可能纯属偶然这一理念会本能地排斥。毕竟，如果事情只是没来由地发生，就不可能操控结果。疾病、事故及失败不可避免。我们将一直生活在恐惧中，担心无法预测的灾难可能会随时降临。

人类的这一思维模式，既有可能产生积极的后果，也会产生消极的后果。

起初，人们发现吸烟和肺癌有关，后来的生物学调查研究证明，两者之间确实存在因果关系。又如，观察显示心脏疾病与肥胖有关，随后的实验证实了这种关联性。

可并非我们观察到的所有模式都具有真正的因果关系。有时候，这些模式的出现纯属巧合。

人们总是试图找出偶然事件背后存在的神秘力量，这种冲动往往是迷信、预言、流言、超心理学解读等现象形成的原因。

那些偶然发生、找不到任何原因的模式通常就构成迷信的基础：明明没有因果关系却坚信有，如认为用力摇骰盅就更容易摇出六个6。

动物也会出现"迷信"行为，行为学家斯金纳（B. F. Skinner）将一群饥饿的鸽子放在一个箱子里，并在箱子中安装了一个能定期分发食物的装置——无论鸽子在干什么，该装置都不会受到干扰。

斯金纳观察发现，鸽子似乎认为分发食物和自己当时正在做的动作有关，因此它们会不停地重复这些动作，以期得到更多食物。斯金纳写道：这次的实验或许可以证明某些迷信形成的原因。鸽子似乎觉得自己的行为与食物的出现存在因果关系，可实际上这种关系并不存在。

流言是怎样产生的

一些流言，也是因为这个逻辑而产生。

2008年起，英国政府宣布，对年满12周岁的女孩实施预防人乳头瘤病毒（HPV）的疫苗接种，因为该病毒是造成宫颈癌的主要诱因。这项利国利民的计划，预计每年能挽救数百名女性的生命。

然而，计划启动后不久，媒体似乎找到了令人信服的证据，显示人们对这项接种计划的看法似乎有些盲目乐观。媒体报道了有关娜塔莉·莫顿的悲剧事件，这名14岁的女孩在注射疫苗后几个小时内便不幸去世。

英国卫生局对该事件的回应是，检查库存，召回可疑疫苗。

对很多人而言，卫生局采取的措施还远远不够：他们希望取消这项大规模的疫苗接种计划。这合理吗？有些人秉持防患于未然的原则，坚信"宁可事先谨慎有余，不要事后追悔莫及"。

一些观点甚至认为："HPV疫苗是最恶劣的医疗谎言和欺骗，这个疫苗不但无效，还极度危险。它的效果只有0.2%，并且会带来各种严重的副作用。"

这个案例的危险之处在于，解决了一个问题又衍生了新的问题。立即停止该计划固然能消除接种者的死亡风险，但宫颈癌的问题仍悬而未决。

这里还有个陷阱，逻辑学家称之为"Post hoc, ergo propter hoc"，即"它在那之后而来，故必然是从此而来"。这种逻辑认为，因为A先于B，所以A引起B。

在娜塔莉的案例中，逻辑陷阱在于：因为她死于接种疫苗之后，于是就推定接种疫苗是其死亡的原因。不可否认，真正的原因总是发生在前，它们导致的后果发生在后，但逆向推导存在一定的逻辑陷阱。例如，鸡叫后天亮了，我们不能就此断定鸡叫导致了天亮。

退一万步讲：娜塔莉的死的确是由接种疫苗引起不良反应导致的。我们理解此类事件的最好办法是聚焦相对比例，而不是关注个案。

那什么是相对比例呢？在娜塔莉的死讯传来时，已有80万名女孩注射了同样的疫苗，这意味着该事件发生的相对频率约为百万分之一。正因如此，在面对来势汹汹的反免疫接种抗议运动时，虽然英国政府宣布召回问题疫苗，但仍然继续实施了接种计划。如果娜塔莉确实不幸成为疫苗罕见的牺牲品，那政府的做法也属于对该事件的理性回应。

媒体落入逻辑陷阱中无法自拔，而最终的官方调查发现，娜塔莉的死源于她胸部的恶性肿瘤，与疫苗本身无关。无论如何，英国当局采取的措施十分正确，即处理可疑的疫苗，并非废除整项计划。

第2章
小心即大胆

想象一个场景：我给你一个苹果。

你大概会感到高兴吧？

这个剧本太简单了，换个稍微复杂的，来体会一下：

我给你两个苹果。接着，我要向你要回了一个。

请问，哪个场景更糟糕？

从理性上讲，在这两个场景中你的所得是等价的。大多数人会觉得第二个体验更糟糕！

在第二个场景中，你对损失一个苹果的厌恶已经严重削弱了得到一个苹果的喜悦。

前景理论

前景理论是犹太心理学家卡尼曼（Kahneman）和特韦斯基（Tversky）于1979年提出的。所有关于行为经济学的著作，都绕不开这个理论。

2002年度的诺贝尔经济学奖授予了丹尼尔·卡尼曼。特韦斯基由于罹患了转移性黑色素瘤，在1996年离世，享年59岁，与大奖有缘无分。

需要注意的是，卡尼曼和特韦斯基都是身在美国的犹太人，在巴以战争期间，都回到了祖国以色列，成为空降兵。特韦斯基曾经不顾生命危险拯救战友，并因此获得了英雄勋章。特韦斯基认为，经过生死考验的人，会更注重理论与现实相结合。

更需要强调的是，卡尼曼和特韦斯基都是心理学家，而不是经济学家。

特韦斯基是个天才，他自学了高等数学。通过两幅简洁的函数图像，概括了人类的大部分行为偏差。这让那些只推崇数学论证的经济学大佬心服口服。

特韦斯基和卡尼曼也是"标题党"，他们把自己的理论称为前景理论（Prospect Theory）。

前景理论这个概念，连美国人也觉得迷惑。有一位在华尔街工作几十年的财经作家曾问过卡尼曼："为什么要称你们的理论为前景理论？"

卡尼曼坦言："其实并没有什么深奥含义，只是图个响亮，让更多人记住。"

前景理论由四个原理组成：

①损失厌恶：多数人对损失比对收益更敏感。
②确定效应：处于收益状态时，多数人是风险厌恶者。
③反射效应：处于损失状态时，多数人是风险喜好者。
④参照依赖：多数人对得失的判断往往由参照点决定。

前景理论是对传统经济学的一个重要内容——风险决策理论的修正。

行为经济学的关键

正如行为经济学家丹尼尔·卡尼曼所言："损失厌恶这一概念，绝对是心理学对行为经济学最重要的贡献。"

所谓损失厌恶，通俗地说就是"损失过敏症"，打个比方就是：白捡的100元所带来的愉悦，无法抵消丢失100元所带来的痛苦。

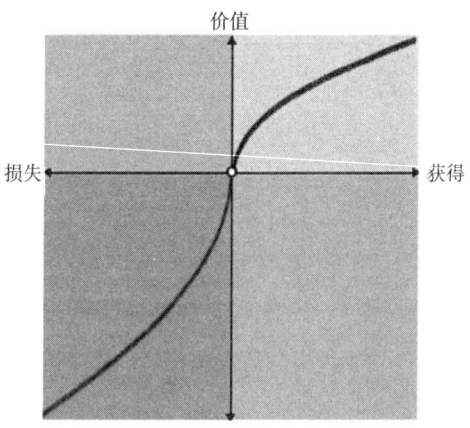

在"前景理论"的价值函数中,得与失对人所产生的心理价值是不对称的。

损失带来的痛苦远大于收益带给我们的满足,这是前景理论的核心理念。

如果说前景理论是行为经济学的核心,那么损失厌恶原理就是前景理论的核心理念。

2002年诺贝尔经济学奖获授予了丹尼尔·卡尼曼,他获得此奖是因为和阿莫斯·特韦斯基一起发现了前景理论。

前景理论最重要也是最有用的发现是:当我们做有关收益和有关损失的决策时表现出的不对称性。对此,就连传统经济学的坚定捍卫者——保罗·萨缪尔森也不得不承认:"增加100元收入所带来的效用,小于失去100元所损失的效用。"

这其实是前景理论的第1个原理,即损失厌恶。

前景原理:损失厌恶

大多数人对损失和获得的敏感程度不对称,面对损失的痛苦感要大大超过面对获得的快感。

普罗大众对损失更为敏感

丹尼尔·卡尼曼和阿莫斯·特韦斯基在20世纪70年代所做的研究表明,"损失"和"收益"对人造成的心理冲击是不同的。

卡尼曼和特韦斯基曾设计了一个掷硬币的赌博实验。

现在,掷硬币来打赌(本书假设是有硬币都是绝对均匀的)。

如果是背面,你会输掉100美元。
如果是正面,你会赢得150美元。
这个赌局吸引人吗?你想参加吗?

这个赌局显然是有利可图的,但卡尼曼的实验证明,大多数人居然会拒绝这个赌局!对于大多数人来说,失去100美元的恐惧,远比得到150美元的欲望要强烈!

最少收益多少,才会平衡普通人失去100美元的恐惧?

卡尼曼注意到,对大多数人来说,这个问题的标准答案是200美元。

也就是说,人们在进行赌博之前,倾向于要求至少是其风险双倍的担保。

卡尼曼得出结论,等额的损失造成的痛苦,和等额的收益带来的喜悦相比,损失对人的心理刺激甚至大一倍。

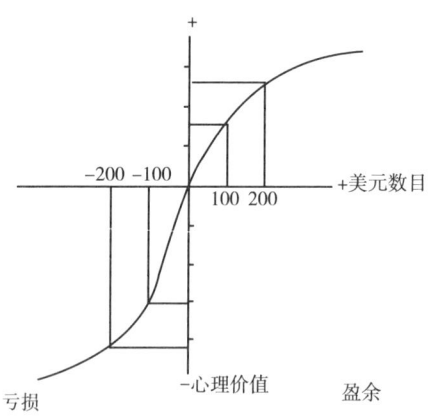

在卡尼曼的赌局中,等额的损失造成的痛苦,和等额的收益带来的喜悦相比,损失对人的心理刺激明显更为强烈。

当然，这个发现仅仅对普罗大众有效，资本家显然不在此列。

资本家比普通人更爱冒险。马克思对此早有精彩描述："一旦有适当的利润，资本就胆大起来。如果有10%的利润，它就保证被到处使用；如果有20%的利润，资本就会活跃起来；如果有50%的利润，资本就会铤而走险；如果有100%的利润，资本就敢于践踏人间的律法；如果有300%的利润，资本就敢犯任何罪行，甚至冒绞首的危险。"

对于群众来说，200元的收益可能，才能抵消100元的风险恐惧。但是，当大多数人都蠢蠢欲动的时候，就算只剩下万分之一的获利可能，乌合之众仍会前仆后继，共赴风险的盛宴。

禀赋效应与敝帚自珍

理查德·泰勒教授，是行为经济学的先驱之一，也是行为经济学真正意义上的创建者。

他提出了一个"禀赋效应"，来揭示人类的损失厌恶倾向。

如果需要用一个词来形容禀赋效应，那就是"敝帚自珍"。

理查德·泰勒教授，曾经找了一些加拿大的学生做过这样一个实验：

第1组：泰勒教授准备了几十个印有校名和校徽的马克杯，这种马克杯在学校超市的零售价是5元，在拿到教室之前，教授已经把标价签撕掉了。泰勒来到课堂上，问学生愿意花多少钱买这个杯子（给出了0.5～9.5元的选择）。

第2组：泰勒教授来到第二个教室，但这次他一进教室就送给每个同学这样一个杯子。过了一会儿教授说由于学校今天组织活动开大会，杯子不够，需收回一些。老师让大家每人都写出自己愿意以什么价格卖出这个杯子（给出了 0.5～9.5 元的选择）。

实验结果显示，在第 1 组中，学生平均愿意用 3 元钱的价格去买一个带校徽的杯子；而到了第 2 组，当需要学生将已经拥有的杯子出售，出价陡然增加到 7 元钱。

相对于获得，人们非常不乐意放弃已经属于他们自己的东西。泰勒把这种现象称为"禀赋效应"。

禀赋效应（Endowment Effect）指的是同样一件商品，一旦人们拥有这件商品，相对于还未拥有这件商品之时，会对此商品的价值评估大大提高。

是什么造成了禀赋效应呢？是人们高估了他们所拥有东西的价值，还是与自己拥有的东西分开会带来痛苦？

再来看另一个实验。

首先，要求学生们对 6 种赠品的吸引力进行排序，然后将一种不太有吸引力的赠品——一支钢笔发给班上一半的学生。另一半学生可以选择一支钢笔或者两块巧克力，结果只有 24% 的学生选择了钢笔。

接下来，早先得到钢笔的学生如果愿意的话可以将钢笔换成巧克力。尽管大多数学生将钢笔的吸引力排在巧克力之后，56% 早先得到钢笔的学生并没有选择将钢笔换成巧克力。

从这里可以看到，人们似乎并没有高估自己所拥有东西的价值，人们可能更多的是受到放弃自己的东西而产生痛苦的影响。

禀赋效应是损失规避的一种表现形式。

所有权眷恋

现实生活中，一些商家会提供产品的"试用期"。例如，顾客可以先免费试用该产品30天，试用期满后如果顾客愿意可以选择退回该产品。然而，到那时该产品已经像是家中财产的一部分了，赠与效应使人们不愿意归还而更愿意购买该产品。

禀赋效应在某些营销书籍里变种为"幼犬效应"，是一种常见的营销技巧，行为经济学家则称之为"所有权依赖症"。

父母领孩子们去逛街，路过宠物店时，孩子们围着小狗不忍离去。店主和小孩家长认识，慷慨地说："把它带回家去过周末吧。如果它跟你们合不来或者你们不喜欢它了，星期一早上再把它送回来就行。"

他们如何能抵挡这样的诱惑！头两天真是快乐无比。大家争着去遛狗，看见小狗憨态可掬就哈哈大笑，它整晚嚎叫也会有人为它开脱："哎，它还是一只小狗呢。"

星期一是上班和上学的日子，他们在不知不觉中发觉这只狗已属于他们了，想还给店主的念头被离别的痛苦战胜。这个例子中店主对顾客也是非常公平的，允许他们先试试再最后做决定。

某家滤水器公司也采用同样的方法，销售人员提供自来水过滤器，借你用半个月。你一旦用惯了纯净水，就不会愿意再喝带漂白粉味的茶或咖啡。这种做法来自同样的思路、同样的方法。

汽车行也会借车给那些有购车能力者试驾,这样做是希望你一旦尝试了来自邻居艳羡的眼光、朋友赞誉的滋味后,就不愿意再送还这辆汽车。当然,除非你有更中意的车型。

所以,当你再次看到某种"不满意3个月可以退货"的商品时,就要提醒自己,或许真的可以退货,但把一件商品带回家试用,"所有权眷恋症"就开始在你身上起作用了。

蛇咬效应

在投资心理学中,有所谓"蛇咬效应"的说法(又叫风险厌恶效应)。

投资者在经历了亏损之后,会变得不愿意冒风险。赌博者在输钱之后通常会拒绝赌博,感觉像是被蛇咬了。所谓"一朝被蛇咬,十年怕井绳"说的就是这个道理。行为经济学加理查德·泰勒称之为"蛇咬效应"。

我国民国时期有个著名的命理专家韦千里,以预测准确而蜚声海内。他曾经尝试以六壬预测股市,或许股市太过于非线性了,韦先生铩羽而归。他老年时定居中国香港,甚至连麻将也不愿碰了。

投机之王索罗斯曾说:身在市场,你就得准备忍受痛苦。

这是因为,在股市中真正能赚到钱的人凤毛麟角,而所谓的盈亏持平者,赚钱的快乐永远无法抵消亏钱的痛苦。

有报道说,某股民状告某空头股评家,缘由信其言而少赚几十万。注意,是少赚,而不是亏损。

少赚犹如此,遑论亏损!

当猴子有了钱

损失厌恶，不仅是行为经济学的关键，也可能是所有权观念的起源，是市场交易的起点。

亚当·斯密曾说："只有人类才有货币交易的本领。"

如果我们3500万年前的远亲——猴子会使用货币，将会发生什么？

耶鲁大学经济学教授基思·陈（Keith Chen）主导的一项研究发现，猴子也具有损失厌恶倾向。

耶鲁大学的基思·陈教授，通过一系列实验证实了这个问题。

他以实验室中的7只僧帽猴为研究对象，其中有雌有雄。首先要教会猴子使用金属代币来购买食物。基思·陈特地制作了一块外貌像中国古代的铜钱的代币。

猴子们很快学会了最基础的经济游戏规则：把代币交给实验员，便能换回几颗葡萄。问题来了，这是猴子们真的明白了"交易"的内涵，还是只是一种条件反射？

同样是收取一枚代币，黑衣售货员总是给一颗葡萄，而白衣售货员则总是给两颗葡萄。很快，几乎所有的猴子都选择和白衣售货员做交易——如此可见，猴子们不但懂得交易，而且是价格敏感型顾客！

随后，实验进一步要证明猴子是否存在"损失厌恶"。

这次与猴子做交易的是两名"奸商"——绿衣售货员和红衣售货员。绿衣售货员一开始给猴子的都是三颗葡萄，但当猴子付了代币之后，绿衣售货员总是固定拿走一颗，只给猴子两颗葡萄；红衣售货员则一半时间交给猴子三颗葡萄，另一半时间只给猴子一颗葡萄。

猴子们对此非常不满，但一段时间后，猴子们认识到，如果和绿衣售货员交易，意味着必定会蒙受损失——每次损失一颗；如果和红衣售货员交易，则要承担损失两颗葡萄的风险，但是也有可能秋毫无损。

结果不出所料，绝大部分猴子都选择了红衣售货员。

实验证明，猴子也有损失厌恶。"损失厌恶"是动物进化的结果，猴子的行为是人类的翻版。

观念也有禀赋效应

禀赋效应也可用于日常事务。

我们常常会捍卫自己的一些观点。比如，不同经济学家之间的吵架，更像是捍卫自己的东西，而不是捍卫真理。

几个朋友一起做生意，你想出一个新策略。但你也知道，要你的合伙人接受你的方案可能有点儿困难。

为了让合伙人接受这个建议，一种策略是建议先试行一小段时间。

你或许可以说："让我们摸着石头过河，这个办法先试半个月，看看情况，不行我们再改回来。"

这种"试行策略"更容易让人接受。如果你的方案确实还可以，一般人就不愿再做新的变革。

这是一种迂回的说服术，但可帮助你达到想要的结果。

强调双赢，促进合作

人们总是倾向于"损失厌恶"是很重要的，这是一个要时刻牢记的法则。

医生和病人说开刀有5%的死亡概率，病人因此不敢开刀，但医生说开刀有95%的成功率，愿意开刀数目大幅增加。同样的事情反应不同，因为人遇有损失会引发强烈情绪。

同样是100元钱，我们发现失去100元钱给我们带来的痛苦非常大。而捡到100元钱所给我们带来的快乐却相对比较少。在行为经济学里，这叫作损失厌恶的一种倾向。人们对于获得和损失的敏感程度是不一样的。损失的痛苦要远远大于获得的快乐。同样数量的损失所带来的痛苦，是获得所带来快乐的两倍多。

有个吝啬鬼不小心掉进河里，好心人趴在岸边喊到"快把手给我，我把你拉上来！"但这吝啬鬼就是不肯伸出自己的手。好心人突然醒悟，就冲着快要下沉的吝啬鬼大喊"我把手给你，你快抓住我！"这吝啬鬼一下就抓住了这个好心人的手。

在商务活动中，要尽量回避提到对方可能有的损失，而是要强调双赢，从而促进合作的成功。

生活中的经济学思维方式

谨慎和大胆，只是一体两面

传统经济学在风险决策上，假设人类对风险偏好一致，并且按照理性预期假设进行决策。

但是，在真实的世界，人们面对不同风险预期，对风险的偏好会发生戏剧性的转化。

所谓"小心即大胆"，冒险家可能同时也是个胆小鬼，英雄与懦夫的品质可以共存在同一个人身上。

人性看起来如此矛盾，事实上，人类真正害怕的并不是风险，而是损失！

谨慎还是激进，只是一枚硬币的两面而已。

10亿美元一下，你愿意吗？

> 10亿美元一下，你愿意吗？
>
> 有一个无聊又古怪的大亨要和你打一个赌：一张10亿美元的现金支票，一把能装6枚子弹的转轮手枪，只装一枚，并随机转动弹匣。只要对着你头扣动扳机。如果你还活着，就可以把支票拿去兑现。你愿意赌一次吗？
>
> 愿意：　　　　　　　　　11696（45%）　○
> 不愿意：　　　　　　　　14258（55%）　○

先假设一个赌局，导入两个概念。

这是我们在某网站发起的投票。27000多名网友，在权衡利弊后，作出了自己的选择。

风险喜好（Risk Loving）：决策者常常会不顾可能发生的危险，仍实施某项行为和进行某项决策活动。

风险厌恶（Risk Averse）：也叫风险规避。这种决策者较为保守，回避可能发生的风险。

在这个例子中，其中45%的网友选择了"愿意"，是"风险喜好者"；另外55%的网友是"风险厌恶者"。

这个赌局叫俄罗斯轮盘，现实生活可能比俄罗斯轮盘更加邪门。在这无妄的世界里，天有不测风云，人有旦夕祸福。

其实，人的风险偏好不是一成不变的，我们后来又做了一次投票。

假设你患有一种小病。不做手术，不影响生命，仅仅难受。做手术，有83%的成功率，手术失败则毙命（一代权臣张居正就是死于痔疮手术）。你会选择这个手术吗？

投票结果是，有67%的网友选择了做手术。

当然，这只是一次虚拟的赌局，并不能真正测出人的风险偏好。面对真实的世界，宣称"生命诚可贵"的人，可能会经不起金钱的诱惑，勇闯鬼门关。崇尚"富贵险中求"的人，面对死亡的威胁，也可能放弃赌博。

人类决策、抉择有什么规律？这正是本章所要探讨的。

局中设局，你将怎样出招？

现在，大亨又通过电视直播开设了一场赌局。玩的依然是俄罗斯轮盘赌，赏金增至100亿美元。

舞台中央有一个幸运转盘，转盘等分为六个格，分别标注为1、2、3、4、5、6。主持人将依照转出的结果给左轮手枪上子弹（比如，转盘停在3上，手枪里就装3枚子弹，停在2上就装两枚子弹），交给节目主持人。

插播了一段广告后，主持人转动左轮手枪的弹匣，并用枪直指着参赛者的太阳穴。主持人扣动扳机前，大亨突然提议：补充一条规则，参赛者可以买走一颗弹匣里的子弹。注意，仅仅能买走一颗。

假设你是一位"有幸"被选中的参赛者。你可以和主持人商量一个价格，让他随机从左轮手枪里取出一枚子弹，你则递给他一叠钱。然后，他会再次转动左轮，指着你的脑袋扣动扳机。

A. 假如弹匣里只有1枚子弹，你愿意花多少买下那枚子弹？

B. 假如手枪弹匣里有4枚子弹，你又愿意花多少钱买走一枚子弹呢？

显然，在A情况下，倾家荡产也得把那枚子弹买下。在B的情况下，则有点无所谓。

这个赌局，是著名的"阿莱悖论"的翻版，它已经触及哲学、心理学与经济学最深层次的部分。

"前景理论"的另外两个原理对这个问题有完美的解释。

你是个"见好就收"的人吗

前景原理：确定效应

在确定的好处（收益）和"赌一把"之间做一个抉择，多数人会选择确定的好处。

用一个词形容就是"见好就收",用一句话打比方就是"百鸟在林,不如一鸟在手",落袋为安。

让我们来做这样一个实验。

A. 你一定能赚 30000 元。

B. 你有 80% 的可能赚 40000 元,20% 的可能性什么也得不到。

你会选择哪一个呢?

实验结果是,大部分人都选择 A。

传统经济学中的"理性人"这时会跳出来批判:选择 A 是错的,因为 $40000 \times 80\% = 32000$,期望值要大于 30000 元。

这个实验结果是对"原理 1"的印证:大多数人处于收益状态时,往往小心翼翼、厌恶风险、喜欢见好就收,害怕失去已有的利润。卡尼曼和特韦斯基称之为"确定效应"(Certainty Effect),即处于收益状态时,大部分人都是风险厌恶者。

"确定效应"表现在投资上就是投资者有强烈的获利了结倾向,喜欢将正在赚钱的股票卖出。

投资时,多数人的表现是"错则拖,赢必走"。在股市中,普遍有一种"卖出效应",也就是投资者卖出获利股票的意向要远远大于卖出亏损股票的意向。这与"对则持,错即改"的投资核心理念背道而驰。

> **小贴士：虚拟确定效应**
>
> 营销学里有一种促销手段类似确定效应，姑且称之为"虚拟确定效应"。
>
> 比如，一家洗衣店打出告示，一次洗三件，可以免费洗一件。
>
> 这种让利方式要好于平均降价25%。对人们来说，完全免费，要比打个折扣更具吸引力，虽然羊毛出在羊身上。

为避免小损失，甘冒大风险

面对两种损害，你是选择躲避，还是勇往直前呢？

当一个人在面对两种都损失的抉择时，会激起他的冒险精神。

前景原理：反射效应

在确定的坏处（损失）和"赌一把"之间做一个抉择，多数人会选择"赌一把"，这叫"反射效应"。用一句话概括就是：两害相权"赌一把"。

让我们来做这样一个实验。

A. 你一定会赔30000元。

B. 你有80%可能赔40000元，20%可能不赔钱。

你会选择哪一个呢？投票结果是，只有少数人情愿"花钱消灾"选择A，大部分人愿意和命运抗一抗，选择了B。

传统经济学中的"理性人"会跳出来说,两害相权取其轻,所以选 B 是错的,因为(-40000)×80%=-32000,风险要大于-30000。

现实是,多数人处于亏损状态时,会极不甘心,宁愿承受更大的风险来赌一把。也就是说,处于损失预期时,大多数人变得甘冒风险。卡尼曼和特韦斯基称之为"反射效应"(Reflection Effect)。

"反射效应"是非理性的,表现在股市上就是喜欢继续持有赔钱的股票。统计数据证实,投资者持有亏损股票的时间远长于持有获利股票。投资者长期持有的股票多数是不愿意"割肉"而留下的"套牢"股票。

翻倍下注效应

失败者并不总是风险厌恶者。很多输钱的赌徒会采取要么翻倍下注、要么不赌的策略。翻倍下注的输家比拒绝再玩的输家反应更加极端,他们幻想一举捞回所有损失。

在赌桌上,很多赌徒会受到情绪的影响。赢钱了,会激起他更大的欲望;输钱了,又唤起他不顾一切要捞回来的报复心。

赌场对赌客的心理很有研究。一些赌场的"荷官"(赌台发牌员)会利用赌客的非理性,用语调、手势来刺激赌客下注。所以,有些赌客在失利的时候赌注反而下得更大。

假设有这样一个合法赌局,投一枚均匀的硬币,正面为赢,反面为输。如果赢了可以获得 5000 元,输了失去 5000 元。

①请问你愿不愿意赌一把呢?

②假如前面你已经赢了 100000 元,现在你会参与赌博吗?

③假设你之前输了5000元,你又会怎样选择?

同样是赌一把,对你来说是否会不一样呢?

大部分人在一种情况下会选择赌一把,在另一种情况下却选择放弃。

这个赌局的期望值没有变,风险和收益也没有变,变的只是人们对风险的反应。

人们在赢钱之后,就愿意冒更大的风险,赌博者觉得,反正这是玩别人的钱。泰勒称之为"庄家的钱"(House Money)效应。

吉姆·罗杰斯讲过,在股票市场里很多人都犯同一个错误:"买了某种股票,看它涨了,就以为自己聪明能干,他们觉得买卖股票容易得很。他们赚了很多钱,就迫不及待地开始寻找其他投资。其实这个时候他们应该什么都不干。自信心会导致人的骄傲,最终导致狂妄自大。其实此时你真的应该把钱存进银行,到海滨去玩上一段时间,直到自己冷静下来。因为好机会本来就不多,更不会接踵而来。但是,你并不需要很多好机会,如果你不犯太多错误的话。"

人们厌恶的只是损失,而不是风险

前景理论指出,人们在风险和收益面前的心理是不对称的。在涉及收益时,人们是风险的厌恶者,但涉及损失时,人们却是风险喜好者。

人们并不是风险厌恶者,他们在他们认为合适的情况下非常乐意赌一把。

归根结底,人们真正憎恨的是损失,而不是风险。

这种损失厌恶而不是风险厌恶的情形,在股市中常常见到。比如,我们持有一只股票,在高点没有抛出,然后一路下跌,进入了彻彻底底的下降通道，而且股票的基本面没有任何变化的迹象。这时的明智选择应是抛出该股票，而交易费用与下面可能的损失相比是微不足道的。

之所以说是明智选择，是因为你可以问自己，如果现在持有现金，还会不会买这只股票？你觉得收益无望而损失却近在眼前，当然不会买。那为什么不能套出现金买别的更好的股票呢？

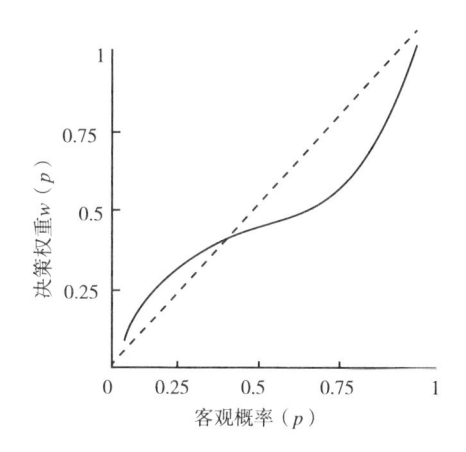

前景理论的决策权重函数（1992版），该函数具有非线性的特点，即人们对客观概率的感受性是呈"倒S"形的。值得一提的是，卡尼曼和特韦斯基的这个决策权重函数，历史上有过多个版本，上图为1992年版。该版本的实验是在中国大陆进行的，因为那个时候中国人的收入水平普遍较低，而实验提供的"赌注"超过了中国人当时三倍的工资。

迷失于稀有事件

前景理论还揭示了一个奇特现象，即多数人具有强调小概率事件的倾向。何谓小概率事件？就是几乎不可能发生的事件。

比如，天上掉馅饼，这就是个小概率事件。

掉的是馅饼固然好,但如果掉下来的不是馅饼而是陷阱呢?那也属于小概率事件。

面对小概率的盈利,多数人是风险喜好者。

面对小概率的损失,多数人是风险厌恶者。

你亲眼见过彩票中大奖的人吗?

我们只知道,电视、报纸上几乎每天都在报道。

事实上,很多人都买过彩票,虽然赢钱可能微乎其微,你的钱99.99%的可能支持福利事业和体育事业了,可还是有人愿意冒这个风险。

同时,很多人都买过保险,虽然倒霉的概率非常小,可还是想规避这个风险。人们的这种倾向,是保险公司经营下去的心理学基础。

在小概率事件面前,人类对风险的态度是矛盾的,一个人可以是风险喜好者,同时又是风险厌恶者。传统经济学无法解释这种现象。

第 3 章 没有比较，就没有鉴别

如果你喜欢苹果胜过橘子,喜欢橘子胜过葡萄,那么你不能喜欢葡萄胜过苹果。

这是传统经济学的所做假设之一。

行为经济学则证实,不同参照点(或参照系),会影响人们的选择与判断,这正是前景理论所要阐述的第4个原理。

参照点（参照系）依赖

前景原理：参照依赖
多数人对得失的判断往往根据参照点决定。

一般人对一个决策结果的评价，是通过计算该结果相对于某一参照点的变化而完成的。人们看的不是最终的结果，而是看最终结果与参照点之间的差额。前景理论中假定的价值函数如下：

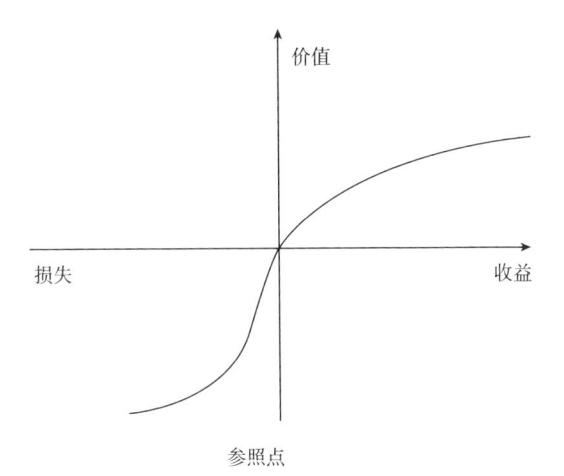

（图：横轴为"损失"与"收益"，纵轴为"价值"，曲线经过原点，标注"参照点"）

一样东西可以说成是"得"，也可以说成是"失"，这取决于参照点的不同。非理性的得失感受会对我们的决策产生影响。

记得多年前一个春日的下午，我和朋友驱车至北京通州的宋庄画家村。乡下的空气清新，寂静荒凉，明月皎洁。我们深夜才回城，路过长安街时，感觉那天晚上的灯火特别明亮。虽然以前经常路过长安街，却没有感受到如此明亮。

正所谓没有比较，就没有鉴别。灯光亮还是不亮，从理论上讲是客观的，但在人的感觉上却完全是比较的结果。

打折与返券，哪个更优惠

你走进一家咖啡店，里面对同一杯咖啡提供两种优惠方案：

A. 加量 33% 不加价；

B. 原价降价 33%。

对于你来说，哪种更优惠呢？

一项调查显示，很多人会想当然地认为："它们差不多一样！"

由于参照点的原因，很多人对得与失的判断经常出错。

实际上，33% 的降价相当于加量 50%。

但是，很多消费者会感觉免费得到多余的东西比"得到同样的东西、花钱更少"感觉好点。

实际上，A 选项相当于返券，B 选项相当于打折。而且，很多人的返券难以全部排上用场。比如，你拿一张 50 元的返券，很难购买到恰好价格是 50 元又心仪的产品。

这一研究事实，对营销很有意义。你生产消毒水时，当市场竞争者介入的时候，不要急着降价，可以加量，让顾客买了你的消毒水够用个一年半载的。手机也不一定急着降价，可以不断推出升级、增配版本。

幸与不幸，都是比出来的

到底什么是"得"，什么是"失"呢？

你今年收入 20 万元，该高兴还是失落呢？假如你的奋斗目标是 10 万元，你也许会感到愉快；假如你的目标是 100 万元，你会不会有点儿失落呢？

所谓的损失和获得，一定是相对参照点而言的。卡尼曼称之为"参照依赖"（Reference Dependence）。

老张最幸福的时候是他在 20 世纪 80 年代做"万元户"的时候，虽然现在自己的村镇已经改造成了城市，拆迁补贴也让自己成为"百万元户"，但他感觉没有当年幸福，因为邻里都是"百万元户"了。

讲这个故事的用意不难明白，我们就不再进行烦琐的论证了——得与失都是比较出来的结果。

传统经济学的偏好理论（Preference Theory）假设，人的选择与参照点无关。行为经济学则证实，人们的偏好会受到单独评判、联合评判、交替对比及语意效应等因素的影响。

古人说得好：别人骑马我骑驴，仔细思量我不如，等我回头看，还有挑脚汉。骑驴望着坐轿的——比上不足，比下有余。

我们快乐和不快乐的根源，都是和别人的攀比。向下攀比是幸福的，向上攀比则是痛苦的。

诗人纪伯伦写道：当我哭泣没鞋穿的时候，却发现有人没脚。

这种主动"向下看齐"的做法，是对抗人生不幸的一种技术，却未免有点儿阿Q精神。

少看点虚幻的肥皂剧、偶像剧，或许可以增加生命的幸福感。

电视剧里的才子佳人，会让你觉得你身边的人是如此庸俗。那些完美的英雄，会让美国总统也觉得自己的人生太失败了。

同侪悖论

一天早上，你刚到公司，老板微笑着告诉你，你的薪水提升了20%。

这时，你是什么感觉？

中午吃饭的时候，你得知公司的所有同事都被加薪了，并且，他们都加薪30%。

这时，你又是什么感觉？

所以，很多大公司都实行"密薪制"，否则就算付出很高的薪酬，也难以达到应有的激励效果。

培根曾说：没人会嫉妒国王，除非他本人也是国王。

人人都需要一个参照点，但只有把同侪或同阶层的人作为参照点才有意义。

阿Q先生是特容易满足的人，他不会嫉妒大老爷们的花天酒地。但是，阿Q却非常嫉妒王胡先生"赤着膊捉虱子""放在嘴里毕毕剥剥地响"的从容自若。

"80后"绝对不会嫉妒"60后"的功成名就，但"80后"之间会忍不住相互攀比。

我们不会和明显比我们差的人攀比，也不会与明显比我们强的人攀比。我们只会和我们身边和我们出身差不多的人攀比。

假设你面对两种选择：

A. 其他同事一年挣6万元的情况下，你的年收入7万元。

B. 其他同事年收入为9万元的情况下，你一年有8万元进账。

卡尼曼的这项调查结果出人意料：大部分人选择了前者。

事实上，我们拼命赚钱的动力，多是来自同侪间的嫉妒和攀比。

我们对得与失的判断，是来自比较。对此，美国作家门肯早有妙论："只要比你小姨子的丈夫（连襟）一年多赚1000块，你就算是有钱人了。"

这种与同类人群攀比而产生的非理性，就叫作同侪悖论。

传统经济学认为金钱的效用是绝对的，行为经济学则告诉我们，金钱的效用是相对的。这就是财富与幸福之间的悖论。

风险偏好大逆转

综合前景理论的4个原理，可以推论：改变参照值，就能改变人们对得失的判断，从而改变其风险偏好。

假设你买彩票中奖了，税后500万元。一家人开始计划如何用这500万元去投资。最后大家把目光落在两个都需要投资500万元的方案上。

A方案：加盟肯德基，五年后肯定盈利200万元。

B方案：开一家海鲜酒楼，有50%的可能性五年盈利300万元，50%的可能五年盈利100万元。

家庭成员大多数人是风险厌恶者，会选择A方案。只有你对B方案情有独钟，你该怎么说服他们？

你可以通过改变盈利目标（参照值）来改变大家的偏好。

你可以向他们"摆事实、讲道理"，证明500万元投资某种稳赚不赔的基金（国债），所赚都能超过200万元，虽然加盟肯德基比较保险，但回报率还是显得太低。假如这样说得通，你实际上是将盈利目标提高了，比如说250万元，那么A方案就像是少赚了50万元，而B方案要么刚超过目标50万元，要么少赚150万元，这时候两个方案的期望值都是负的。

据前景理论，人在面临损失预期时，就有赌一把的冲动。这时选择有风险的投资B方案的可能性将大大增加。

无论是在管理，还是在战争、谈判等方面，低标准的目标往往使人谨慎行事，高标准的目标往往使人敢于冒险。我们可以通过调整参照值影响人们对得失的判断，从而调节他们的风险偏好。

交替对比

行为经济学的先驱、已经仙逝的特韦斯基曾经做过这样一个实验。

选出5种微波炉，拿给被试者选购。这些人仔细研究这些产品后，有一半的人比较钟情于其中的两种：一种是三星微波炉，售价110美元，7

折出售。另一种是松下 A 型微波炉，售价 180 美元，7 折出售。

在做出具体选择时，有 57% 的人选择了三星，另有 43% 选择了松下 A 型。

同时，另一组人应要求 3 选 1。包括上面两种产品，以及另外一种松下 B 型微波炉，售价 200 美元，9 折出售。

松下 B 型的价格显然不像另外两种那么优惠，但却使偏向松下 A 型的人显著增加。约有 60% 的人选择松下 A 型，27% 的人选择了三星，另外 13% 选择了松下 B 型。

特韦斯基解释说，这是"交替对比"的结果。也就是各种选择之间的利弊相比，会使某些选择显得更有吸引力，或是吸引力为之减小。

从客观上讲，我们对一样事物的评价不应该受到与这样事物本身无关因素的影响，也不应该受到评估方式的影响，但事实上这却是难以做到的。正所谓"人比人死，货比货扔"。正如阿莫斯·特韦斯基所言："与其说我们挑选的是选项本身，倒不如说我们挑选的是选项的说法。"

中杯效应

某些商品，大份与小份之间成本基本无差别。比如，咖啡，大杯与小杯之间的成本差最多不过几毛钱，但是其定价却相差甚远。商家为了促销，常在促销手段上玩点儿花样。

假设某咖啡馆推出一款咖啡：大杯（20 盎司）19 元，中杯（16 盎司）

14元，小杯（12盎司）12元。

理性之选应是"小杯"。除非是对咖啡特别上瘾的人士，小杯咖啡一般可以满足自己的需求。

我们买饮料或其他消费品的时候，经常有大、中、小三种型号，很多人会在价格比对的刺激下选择中号商品。我们把这种选择"中庸之道"而忘记了真实需求的现象称为"中杯效应"。

特韦斯基通过实验证明：

如果A优于B，大家通常会选择A。

但是，如果B碰巧优于C，而且其优点A是没有的，那么许多人就会选择B。

其主要理由就是与C相比，B的吸引力显著加强了。

陪衬品只是"药引子"

很多房地产中介会毫无怨言地带领客户去到处看房，有时会故意带客户看两间条件一样、价格明显不同的房子。其实，中介心里很清楚，有些路并不是白跑的，那间同样条件、价格贵一些的房子只是个陪衬品，是促使客户签单的"药引子"。

这里再介绍一种"中杯效应"的升级版。例如，某超市卖有四种不同规格的松露牌消毒液。

第一种 180 毫升，18 元。

第二种 330 毫升，32 元。

第三种 330 毫升，32 元，附赠一瓶 120 毫升的非卖品。

第四种 450 毫升，42 元。

很明显，第三种和第四种相比，净含量是一样的，却便宜了 10 元钱。第三种和第二种相比价格一致，却多出了 120 毫升。

消费者可以很明显地感受到这是一种优惠。相信会有很多需要这种消毒液的消费者会选择第三种，第二种和第四种基本不会有什么销量，只是陪衬品。

厌恶极端

让我们看看另一项相关实验得出的一个有趣的结论：

心理学家要一组参与实验的人，在两种美能达相机之间做选择，一种是售价 1700 元的 A 机型，另一种是售价 2300 元的 B 机型。

结果，选择两种机型的人各占一半。

另一组人则要在 3 种机型之间做选择，除了上面这两种机型外，加上另一种售价 4600 元的 C 机型。

也许你会觉得，除了选 C 型的人以外，剩下的人选择 A 型和 B 型的仍然各占一半。

结果，出人意料的是，第二组有很多人改选了价格适中的 B 机型，比选择最便宜机 A 型的人多出了一倍。

如果在一批选项中出现了一个中庸的家伙，一般人比较可能青睐它，而不会选择极端。

行为经济学将这种现象称为"厌恶极端"的心理，也就是"中杯效应"。

某厂家推出两款豆浆机，容量、功率相同。

A 型：368 元，塑料外壳，干豆豆浆，湿豆豆浆和米糊功能。
B 型：668 元，不锈钢外壳，干豆豆浆，湿豆豆浆和米糊功能。

显然，因为外壳材质不同，价格相差将近一倍，很多消费者宁愿选择塑料外壳的 A 型。为了推动 B 型豆浆机的销售，厂家请来了营销策划公司。营销公司建议厂家向市场投放少量的 C 型豆浆机。

A 型：368 元，塑料外壳，干豆豆浆，湿豆豆浆和米糊功能。
B 型：668 元，不锈钢外壳，干豆豆浆，湿豆豆浆和米糊功能。
C 型：968 元，不锈钢外壳，干豆豆浆，湿豆豆浆和米糊功能，液晶面板。

这个建议在理论上是可行的。在这三个选项里，顾客选 B 的可能性大大增加。当然，实际的营销效果还会受到其他因素的影响，如同行的竞争、消费者的营养观念（不锈钢和豆浆是否会产生化学反应）等，这不在本书的探讨范围。

秒杀顾客的价格诱饵

有一个耳熟能详的故事：某个小城有两间经营衬衫的服装店。第一家服装店经营欧洲风格衬衫，第二家服装店则经营北美风格衬衫，两家店的价格不相上下，营业额也不分上下。

后来，又有第三家服装店开张了，它同样也经营欧洲风格衬衫，但是价格却比第一家店的价格贵很多。

自然，第三家店门可罗雀，但是第一家店的营业额却大幅增长。人们比较了两家店之后，毫无悬念地选择了第一家店的商品。同时，第二家北美风格衬衫店也受到影响，生意则比先前少多了。

人们都以为第三家店迟早都会垮掉的，但令人百思不得其解的是，这家店一直存在了好久。直到有一天，第一家店和第三家店同时转让，人们才发现，这两家店的老板是同一个人。第三家店的存在正是为了给第一家店做"陪衬"的。

在这个故事里，第三家服装店就是"诱饵"，第一家服装店就是真正销售的"目标"，第二家服装店就是"竞争者"。

这就是行为营销学中所谓的"价格诱饵"——当人们对两个不相上下的选项进行选择且犹豫不决时，由于第三个新选项（诱饵）的加入，会使某个旧选项显得更具吸引力。被"诱饵"烘托的选项就是通常所说的"目标"，而另一选项就是"竞争者"。

在日常生活中，这样的例子随处可见。比如，我们在超市经常会看到，货架上并排摆放的可乐 2 升装和 2.5 升装，售价都是 5 元。

再比如，我们去餐厅吃饭，一般餐厅的菜单上至少会有一个贵得离谱的高价菜（即使从来没有人点，或者你点了店家也会说恰好卖完了）。也许这道高价菜的存在并不是为了吸引顾客选择它，而是诱导你点第二贵的菜。这是因为当你看到有贵得如此离谱的菜之后，会觉得第二贵或者更便宜的其他菜才是真正的"物美价廉"。

这样的市场营销技巧还广泛应用于各种各样的商品销售中，如家电促销、手机套餐、网费套餐、捆绑销售等。

有时候，"诱饵"并不是真的存在。在营销活动中，常常存在一种"幻影诱饵"，如在很多汽车、手机、化妆品的产品目录中，商家其实并非奢望卖出多少"豪华套装"和"顶级配置"，而是以此来提高消费者对相关产品的期望价位。

生活中，常见的"降价促销"活动，其实也是一种幻影诱饵：商家常常会特别强调如今并不起作用的"原价"，那就是一个幻影式的诱饵。

"价格诱饵"在营销学心理学家未总结出来之前就被商家广泛使用，而且被称为"秒杀"顾客的超级营销术。因为它为消费者在做决策时提供了"依据"。

人质危机与框架效应

假如你是某国总统。

一群暴徒挟持了一所学校的 600 名师生，向你提出了一系列无理要求，如果不答应就杀害全部人质。

你当然不会答应恐怖分子的要求，因为这可能会招来无尽的要挟。你只能出奇制胜了。

现在有两个备选计划来化解这场危机：

A 计划：会有 200 人获救。

B 计划：会有 33% 的概率所有人都获救，67% 概率所有人都被害。

试问，你会选择哪个方案？

在这个实验中，更多被试者选择了 A 计划。这两个方案的"数学期望值"其实是一样的。

让我们再看另外两个人质解救方案：

C 计划：600 人中会有 400 人死去。

D 计划：33% 的概率没有人死亡，67% 的概率所有人都会死亡。

这个实验中，更多的被试者选择了 D。

这其实只是个文字游戏，把相同的方案用不同方式来表述。

A 和 B 属于积极描述，C 和 D 属于消极描述。

不同语境下，人们的风险偏好发生了逆转。

当用存活的人数来描述计划时，对于大家来说能救活师生是"收益"，生命如此重要，能存活多少是多少，会因风险厌恶而选择第一条路。

当用死亡来描述同样的事件时，大家就感觉到这是"损失"，谁也不希望眼睁睁地看着 400 人牺牲，这时人们倾向于风险喜好，从而会接受赌一把的计划。

对此，特韦斯基和卡尼曼提出了"框架"这一概念，他们认为，"框架"是由提问题的形式（语意）以及社会风俗、决策者的性格所决定的。不同的提问方式，会产生不同的效果。

同一个意思，用不同的辞令来表达，固然属于"术"的范畴，但它带给听者的心理冲击是明显不同的。

粗略而言，框架效应也可称为语意效应，在处理公共事务的时候，语意效应十分明显。

第4章 心智分账

传统经济学认为，钱是没有标签的，钱就是钱，每一张相同面值的钞票都是可以互相替代的。不管你这些钱是血汗换来的，还是刮奖刮到的，或者马路上拾到的。真是这样吗？

行为经济学先驱理查德·泰勒（Richard Thaler）提出的"心理账户"（Mental Account）理论证明了这种论断是错误的。

输了5元，还是2.62亿元

据说，爱因斯坦在研究过轮盘赌后讲了一句话："轮盘赌想要赢钱，只有一条途径，那就是抢。"这里有一个"行运一条龙"差一点儿就赢了轮盘赌的故事，我们通过它来谈谈心理账户问题。

一对新人来到赌城拉斯维加斯度蜜月。刚到酒店安顿好，夫妇俩便踏进赌场体验寻找刺激。

在那里，他们迷上了轮盘赌。三天后，他们把身上的1000美元赌本输了个精光。

是夜，新郎躺在床上辗转难眠。突然，他发现梳妆台上有个东西在闪闪发光。他凑上前去，发现还剩下一个留做纪念的5美元筹码。

奇怪的是，新郎此时脑海中不断出现"17"这个数字，他觉得这是上天给的启示。于是，他披上睡袍，跻着拖鞋到楼下去找轮盘赌台。

他把5美元筹码押在"17"这个数字上。果然，小球就落在了"17"上，他得到了175美元。继而他又把赢来的钱全部压在了17上，结果又赢了，这回庄家赔了6125美元。

真是邪门了，新郎官一直这样赌下去，赢回了750万美元。

这时，赌场不干了，经理把他请到办公室，说如果再开出17，赌场就赔不起了。

财星高照的新郎官怎肯罢手，于是他兑换了钱以后，"打的"直奔市区一家财力更雄厚的赌场。

这次，轮盘台上的小球居然又落在"17"上，庄家为此赔了2.62亿美元。他乐昏了头，干脆来了一场空前的豪赌，把这笔巨资都压在了"17"上。

结果小球停得偏了一点，开出了"18"。

一辈子做梦都想不到的巨额财富，就这样被他转瞬间输得精光。新郎官已经身无分文了，只好垂头丧气地走回了酒店。

他一进房间，新娘就问："你到哪里去了？"

"去赌轮盘。"

"手气怎么样？"

"还好，只输了5元钱。"

试问，这位新郎是输了5美元，还是2.62亿美元？

蕉鹿自欺

中国古代典籍《列子》中就有一则类似的故事。

有个郑国人在野外砍柴，忽见一只受伤的鹿跑过来。这人乘机赶上去，一扁担就将它打死了。他怕猎人追来发现，就把死鹿藏在一个洼坑里，在上面覆盖了一些蕉叶，藏好以后，就若无其事地继续砍柴。天快黑了，并没有什么人来，他很高兴，就准备把死鹿连同砍的柴一块挑回去。可是，这时他忘记了藏死鹿的地方，只记得那上面覆盖着蕉叶，找来找去，最后还是没有找到。最后他想："恐怕我根本没有打到过什么鹿，也根本没有把它藏在什么蕉叶下面，一定是我做了这么一个梦罢了！"

在日常的经济生活中，稀里糊涂自己欺骗自己的事情一点也不新鲜。元代诗人洪希文慨叹："得非爱惑聪，戏我如蕉鹿。"

"心理账户"常常导致一种最错误的理财行为——有时会把某些钱看得不值钱，视为"外财"。

新郎自以为输了5美元，不过是"蕉鹿自欺"罢了。

新郎把赌博的本钱放在一个心理账户，把从赌场赢来的钱放在另一个心理账户，其实这些钱都是他的。那位新郎输掉的不是5美元，而是2.62亿美元！

新郎"行运一条龙"的故事，只是诸多赌场传说中的一个，但不少美国人相信是真实的。现代赌场的风险控制已经非常完善，这种事件已经不会再发生了。

"庄家的钱"效应

抛开财富来路的道德因素不谈，老实挣的钱也好，天降横财也罢，都是你的钱，在你买东西的时候，效用是完全相同的。

新郎当天晚上是用5美元赌本起家的，所以觉得无论怎么输，最多也就输5美元。

基于这种心态，在他运气好时赢的钱，仿佛都不是真钱，至少不是他的钱。在赌场里，他们觉得这是在玩别人的钱，泰勒称之为"庄家的钱"

（House Money）效应，即便输了也不当回事。如果新郎明白"心理账户"原理，他就会明白，那些钱其实都是他的。赢来的钱，与辛苦赚来的钱完全一样。在他"打车"的时候，出租车司机绝不会问他车费是血汗换来的，还是赌场撞大运赢的。

很遗憾，这位新郎和其他平庸的赌徒一样，觉得这些钱与其他收入大不一样，所以也就毫不在乎、一掷万金，不能见好就收。那晚的豪气足以令他在以后的日子里更加追悔莫及吧！

威廉·江恩讲过股票大炒家利文摩尔的故事。江恩说，利文摩尔是位诚信之士，他虽然屡屡破产，但只要恢复元气，一定还债。

机敏的利文摩尔逃过了1929年股市大崩盘。当时他雇用40名"统计员"作为助手，在没有计算机的情况下，对下跌和上涨的股票进行计算。在他们广泛选取的1002只股票中，有614只同时下跌，只有338只上涨，尽管工业指数成分股涨势喜人，利文摩尔已预感到大势不妙，立即撤退。

但是，利文摩尔最大的弱点在于：他除了学习如何赚钱之外，什么都不学。他从不学习保存资金的方法。他贪婪，野心勃勃，所以当他赚了一大笔钱以后，就不再稳妥地进行交易。他试图让市场跟着他的意愿走，而不是等待市场自然转势。

这也是所有最终失败的大炒家的通病，当他们赚到大钱后，就忘却了遇事小心谨慎的成功之道，变得过度交易，没考虑意外的出现，忘乎所以，最后市场经常只有他一个买家，其他都是卖家。

利文摩尔在1934年再次破产后又赚了钱，最后在彻底破产状态下自杀了。

你有几个钱袋

在赌城拉斯维加斯，流行一句口诀：永远不要把左口袋里的钱输光了。

职业赌徒常用的风险控制手法是：把重要的钱和不重要的钱，分别放在不同的口袋。比如，把本钱放在右口袋，右手是负责支出的；把赢回来的钱放在左口袋里，左手是负责收入的。这样当右口袋一文不剩时，左口袋多少还能剩一点。

在电影《幸运牌手》里，"左口袋"不仅是指重要的赌资，更是指一些更为重要的事物，如亲情、爱情。

左口袋的钱和右口袋的钱一样吗？对于一个理性人来说，是没有分别的。但是，一个正常人是不可能完全理性的。

行为经济学的先驱理查德·泰勒教授指出："我们每个人都有两个账户，一个是经济学账户，一个是心理账户。在经济学账户里，每一块钱都是可以替代的，只要绝对量相同，而在心理账户里，人往往会对不同来源、不同时间的收入采取不同的态度。"

经典电影《毕业生》的主演达斯汀·霍夫曼在未成名前，经济上经常捉襟见肘。

一次，有朋友来看望他，发现霍夫曼正在向房东借钱。但是，当朋友来到霍夫曼的厨房时，发现桌上摆着几个罐子，每个里面都装满了钞票，其中一个坛子上写着"出借"，另一个写着"公共设施"等。朋友很好奇，霍夫曼的坛子里有这么多钱,他为什么要去借钱呢?这时,霍夫曼指着一个写着"食品"的罐子给朋友看——里面空空如也。

你有划分"心理账户"的倾向吗

心里账户现象是如此自然而然,以至于我们无法察觉。不妨做一做下面这个测试,请阁下尽可能如实作答,以期认清自我。

①假定你花300元买了一张演唱会的门票,到了会场门口,却发现门票丢了。你会再花300元买票进场吗?

②假定你打算到了会场门前再买票,买票前却发现丢了300元,不过你身上还有足够的现钞。你会不会照样买票?

多数人在第一种情况下,可能掉头而去,在第二种情况却舍得再掏腰包。

虽然两者其实损失的都是300元,而且必须再花300元才能享受预期的娱乐。可是,大多数人碰到这两种情况,反应似乎不太一样。他们觉得在第一种情况下,等于是买两张票,每次花300元,总共花掉600元。即使看到了心仪的明星,花这么多钱似乎也不值得。但是,丢了300元现金,再花300元买票,在大多数人看来是两码事,可以算是两笔账。

细究起来,这两个态度其实是自相矛盾的。

这种依情况不同,用迥然不同的方式看待两个基本上相同的损失,正是划分"心理账户"的典型例子。

以下这些迹象可能显示你有划分"心理账户"的问题：

· 银行有存款，但也有信用卡循环债务。

· 觉得自己并没有乱花钱，却总是存不了钱。

· 不会乱用积蓄，可是一有意外之财就花个痛快。

· 用信用卡花钱购物，似乎比用现金更大方。

你会给钱贴"标签"吗

在人们的潜意识里，会给钱贴上不同的"标签"：血汗钱、辛苦钱、救命钱、意外之财、飞来横财、黑钱、大钱、零花钱等。不同的钱，人们会赋予它们不同的价值。

心理账户：人们会根据钱的来路、存储的方式或支付方式的不同，无意识地将金钱加以归类、编码，并赋予不同的价值进行管理。

中国有句谚语："人无外财不富。"外财，是意外之财。从字面上已经反映出，人们在不自觉地运用"心理账户"，把钱分为理所应得的"内财"和天外飞来的"外财"。

"飞机撒钱"可以刺激消费吗

花费率（Spending Rate），也就是经济学家所谓的边际消费倾向（Marginal Propensity to Consume），花费率是指拿到手里的钱所花掉的比例。例如，拿到2000元分红，花掉了700元，花费率就是35%。

很多人会觉得，花费率不会超过 100%，也就是每获得 1 元钱，最多就只能花掉 1 元钱，其实不然。

中秋节，阿福所在的城市要给市民"发红包"——每位市民补贴 1000 元。虽然阿福平时不缺这 1000 元，但还是挺高兴的。等假期结束时，阿聪发现自己花超的钱足足 3000 块！

原来，阿福拿到"红包"后，出手比平时阔绰了很多。他因为这笔意外之财，到餐厅或商场花钱都很大方，因为他心理上有恃无恐，老觉得有这 1000 元作为后盾。他不仅把这笔补贴当作可以任意支配的意外之财，而且这种"乐观的不谨慎"，使他不知不觉地挪用其他账户，把原来另有用途的钱也花掉了 2000 元。

一笔小额的意外之财，反而可能让人破费更多，这是耐人寻味的现象。

为了救美国经济于水深火热之中，美联储主席伯南克有句名言："如有必要，可用直升机撒钱。"

对于这句话，各人理解不同，用心理账户的原理来看，"飞机撒钱"也许真的能刺激消费，提振经济。

大钱小花，小钱大花

大约 40 年前，以色列银行的经济学家迈克尔·兰兹博格（Michael Landsberger）研究了"二战"后以色列人在收到德国政府的战争赔款后的消费问题。

研究对象是一群以色列人，他们都收到了一笔来自西德的赔款。这笔抚恤金是用来赔偿纳粹暴行的，但对于获得赔偿者而言还是相当意外的。

每个家庭或者个人得到的赔款额相差悬殊，有的人获得的赔款相当于他们年收入的2/3，而最低的赔款大约相当于年收入的7%。因此，兰兹博格得以衡量这种意外收入是如何影响每个人的花费率的。

结果很让人惊讶。拿到较多补偿金的人（相当于他们收入的2/3），花费率只有大约23%，其余都存了起来。相反，拿到补偿金最少的人（相当于他们年收入的7%），花费率达到200%。没错，他们每拿到1元钱，不仅花得精光，还连带地从积蓄里再花掉1元。

人们会根据一次性获得的收入的多少，把这些收入放入不同的"心理账户"中。

无论拿的是奖金、退回的押金还是礼物，钱数大小会影响花费率。一些原来可能归入任意支配那个"心理账户"收入，比如，奖金或退回的押金，如果数额够大，很可能会被转入更重要的"心理账户"里。

比如，拿到的退款或红包数额很小，像是三五百元，你很可能大手笔买一双六百元的皮鞋。可是，如果拿到三万元的退款或奖金，你却可能舍不得浪掷，虽然你实际上买得起昂贵的鞋子。

越有钱，越一毛不拔吗

生活中，常有这样的怪现象，高收入者消费更为谨慎，低收入者反而花钱大手大脚。

这种奇怪的现象，连心理学家都难以三言两语解释清楚。倒是《故乡》里的豆腐西施杨二嫂，一语道破天机："愈有钱，便愈是一毫不肯放松，愈是一毫不肯放松，便愈有钱……"

收入稍高者，或本来就家底殷实的人，对如何打理财富会更上心。财富额越大，就越让人谨慎，"花费率"反而降低。

收入本就不多的"月光族"，则是严重"烧包"，这也就是孟子说的"无恒产者无恒心"。

所以，出现了"大钱小花，小钱大花"的怪现状。光怪陆离的世相背后，其实是有规律可循的。

小处精明，大处浪费

一个冬夜，你的汽车在半路抛锚，你又冷又饿。

这时突然走来一个老乡，他说这里经常有汽车抛锚。所以，他随身携带一个保温瓶，里面有开水。他还随身携带几包方便面，问你要不要买一包。

你问："多少钱一包？"

老乡说："50元一包。"

这时，你会不会有挨宰的感觉？

再假设，你要结婚了，你必须买套房。你知道，现在房价到处都在上涨。

你想起上个月曾经看上的那套房，于是又打电话过去询问房价。

中介告诉你，房价已经涨了，每平方米比上个月贵了50元。

这时，你会不会有挨宰的感觉？

同样是涨价，也许房东只是坐地涨价，很随意。

也许，那卖方便面的老乡则是冒着雨雪走了很远才来到事故发生地。

可是，带给你的心理冲击却截然不同。

有句英文谚语：Penny wise and pound foolish. 可以翻译为：小事聪明，大事糊涂；小处精明，大处浪费。

下面是本人在某网站做的一个投票：

①今天你要去面试，必须带个文件夹。家门口百货公司的文件夹卖35元／个，而3站地外的文具店，同样的文件夹10元／个，你会不会到文具店去买文件夹？

②今天你要去面试，必须穿西装。家门口的百货公司的某款西装卖1775元，而3站地外有另一家百货公司，同样的西装卖1750元，你会不会到那一家百货公司捡便宜？

在投票的150人中，有77%的人会去买便宜的文件夹，可是会为了西装跑同样一段路的人却少得多，虽然两者情况相同：为了省25元，多走3站地。

这是"心理账户"所导致一种典型现象，行话叫"统合损失"（Integrate Losses）。普通人在碰到损失或必须做某种开支的时候，潜意识里会把它们藏在更大的损失或开支里，借以逃避现实。因为"统合损失"而破财的事例，在生活中俯拾皆是。

蔚蔚有台旧笔记本电脑，上次出了故障，到维修店要花300元才能修好。她犹豫了，最后辗转找了一个会修理的朋友修，尽管这样也比较麻烦，因为要还人家人情。

蔚蔚这次要买一台价格为17200元的新笔记本，推销员说，只要再加500元钱，就能把保修期从一年增加为两年。

在几个月前，她还嫌300元维修费太贵。但是，推销员三言两语就把她说动了，她心甘情愿地多付500元为一个未必会出现的故障埋单。

蔚蔚之所以这么舍得，罪魁祸首当然是"心理账户"：跟17200元比起来，500元只是小意思。

因此，多花500元赌一个未必会需要的服务固然让人心疼，可是既然已经狠下心花17200元买新笔记本，就认定了一步到位。

当你花费17200元买一台笔记本电脑的时候，再多加500元延长一年的保修期不会让你心疼，你认为这没什么大不了的。

但是，长期浪费这种小钱，或是对各种小的损失漫不经心，就极不应该了。如果将这些小钱加在一起，一定会让你大吃一惊。

商人眼里，顾客绝非"上帝"，顾客只是人，理性有限、常出偏差的人。

卖场在推销比较昂贵的电器时，都会极力怂恿顾客购买长期保证或服务契约，就是看准了这一点。除了这种时候，有谁会为电器买保险？同样道理，卖保险的推销员在鼓动顾客加买保险时，都会猛推销利润丰厚的"附带保险"，否则有哪个头脑清醒的人会特别为年幼的孩子买寿险？

心理账户的利与弊

通过前面的阅读，我们了解到，"心理账户"的弊端是很明显的。但是，把钱分配到不同的"心理账户"中，并非全无好处。

"心理账户"可以帮我们更有效地为未来的目标而储蓄。

毕竟，对许多人而言，钱都是通过自己的劳动换来的，或是准备买房子的"房钱"，或是准备养老的"棺材本"。花钱再没计划的人，都会避免动用这些积蓄，因为他们把这些钱放在他们心中神圣不可侵犯的金库里。

有时，还可自觉利用"心理账户"应付小的不幸和损失。

据泰勒说，他有位同事，也是大学教授。这位教授打算在年底慷慨地捐助某慈善机构。不过，他把这一年中发生的所有不愉快的事，比如，超速罚款、重购损失的财产、救助穷亲戚，都从捐助的预算中扣除，最后慈善机构只得到账户中剩下的钱。这样，他就从损失的晦气中摆脱出来了。

对自己衡量金钱价值的体系进行一次全面检讨，才能一分为二地看待"心理账户"现象，从而消除它的不利因素。

沉没成本谬误

世界上有四种东西收不回：说出的话，泼出的水，撒出的票子，打过狗的肉包子。

捞本心态，不仅出现在赌场，还有现实生活中。

沉没成本（Sunk-cost），系指没有希望捞回的成本。

沉没成本又叫非攸关成本，追加投入再多，都无法改变大势。

从理性的角度思考，沉没成本不应该影响决策。但芝加哥大学经济学家理查德·泰勒博士（Richard Thaler）通过一系列研究，证明人的决策很难摆脱"沉没成本"的影响。

你在生活中有过类似下面测试的经历吗？

你预订了一张话剧票，已经付了票款，且不能退票。看话剧的过程中，你感觉很乏味，会有两种可能结果：

A.忍受着看完；

B.退场去做别的事情。

此时，你付的成本已经不能收回，就算你不看话剧，钱也收不回来，话剧票的价钱算作你的沉没成本。

如果将就到终场，就等于在看一出坏话剧的时候又损失了时间。

如果你是理性的，那就不该在做决策时考虑沉没成本，立刻起身退场,去做更有意义的事情。

承认失败方可终止失败

对企业而言,沉没成本谬误常引导决策者对错误的投资不断加码。因为他们认为,若不这么做,过去投入的成本岂不白白浪费。

沉没成本谬误也会出现在经济和商业决策制订过程中。最典型的是"协和谬误"。

当年,英国、法国政府不断地为"协和式飞机"追加投资,其时,两国政府都知道,这种飞机没有任何经济利益可言。这个项目被英国政府私下叫作"商业灾难",本就不该开始,但由于一些政治法律问题,两国政府最终都没有从中脱身。

预设输赢的上限

在投资中,设定一个止损点(输钱的上限),可为你在失败的时候留下一个允许自己反思错误的空间。

不妨细想,上回你损失大笔金钱的时候,是否因为无法控制来自心中的"诱惑"?想想身边有多少不懂得应付"诱惑"的人,终因贪念导致铩羽而归。

说来容易,做来难。

多吃不宜健康,这道理谁都懂,可是在自助餐厅吃八分饱就走的还是少数。

倾家荡产买股票的事情不算稀奇，但卖房子甚至偷银行金库买彩票的事情居然也经常发生。

2005年，河南林州农行发生金库守库员监守自盗案件，被盗走现金达224万元，用于买彩票。

2007年，河北邯郸农行两员工监守自盗，运走金库5100万元，也是用于买彩票。

捞回赌本的诱惑，往往让人变得丧心病狂。

买股票也好，买彩票也好，必须为克服"人性的弱点"准备一套风险控制措施，预设输赢的上限，不可贪图赢取更多钱或讨回损失的钱而超越这个上限。

"屡败屡战"或许精神可嘉，但亏的却是钱财。

久赌必输。上瘾的赌徒，只是一种幻想自己必赢的病态的人。

你会利用"心理账户"吗

"赌神"叶汉，曾主管葡京赌场。他写过一块告示："赌博无必胜，轻注好怡情。闲钱来玩耍，保持娱乐性。"

如果你不是一位职业玩家，完全可以把赌博看成一种高风险的娱乐，把输钱看成为此而付出的费用。

赌是娱乐，娱乐付费，天经地义。你愿意为这种"消费"掏多少钱，要有清醒的认识。比如，你只愿意付50元的娱乐费，那么输钱到50元时就应该起身，不要恋战，不要加码，趁早收手。这样你就不会因为赌钱伤害友情，更不会损失足以摧毁自己的大数目。

1985年,泰勒教授发表了一篇论文,名叫《心智分账和消费选择》。这是一篇里程碑式的论文,在这篇文章中,泰勒第一次提出了"心理账户"这个概念。

泰勒在这篇论文中总结了几条利用心理账户的原则,以增强我们的满足感。

收益拆分原则。这是因为,我们对于收益感觉的灵敏度是边际递减的。收益单列,可以增加正面刺激的次数,增强我们的满足感。

损失合并原则。所谓长痛不如短痛,钝刀子杀人最痛苦。一些推销术正是利用了这一法则。比如,卖手机的人会向顾客推荐一些利润超高的机套之类的东西。

大收益与小损失合并原则。赌场里有要喜钱的规矩,民间有"打秋风"的习俗。当人们沉浸在巨大收益的喜悦里时,损失相比较会显得比较小,这样做可以消除损失厌恶。

小收益与大损失拆分原则。这同样是由于边际灵敏度递减,笑傲收益的效用会超过更大的损失稍微减轻带来的效用。

行为经济学的精髓是什么

在现实生活中,行为经济学已经在学术界和商业界形成了一股强大的力量,连国家经济政策都要受其指导。例如,泰勒教授曾就美国人的储蓄习惯向参议院财政委员会提供分析。美国的储蓄率只有4%左右,而日本的储蓄率却超过15%,泰勒解释这与美国人的"划分心理账户"有关。

泰勒认为,人类对风险的感知和实际存在的风险不对称,这是行为经济学的精髓所在。

比如说，相比较开车去一个地方，人们可能更害怕乘飞机，但实际上，飞机的安全系数更高，人们并没有意识到这一点。

大部分危机产生的原因都同下述情形类似：人们看到房产价格上涨非常快，就误以为这种上涨会一直持续。事实上，当价格上涨非常快的时候，就要有相应的心理准备，因为它的下降也会非常快。

前景理论、锚定效应、"心理账户"原理，共同构成了行为经济学的三大基石。

第 5 章
懊悔规避与寻求自豪

生活中的经济学思维方式

每一天，张三都走同一条路回家。

某一天，张三突发奇想，选择另一条路回家，结果被一只狗咬了，这时张三有什么感想？

假如，张三是在以前每天都走的老路上被狗咬了呢？

两相比较，因为改变而产生的那部分额外的挫折感就叫"懊悔"。

懊悔规避

1980年，理查德·泰勒在《经济行为和组织》期刊上首次提出了Regret Theory，有学者把Regret翻译为"遗憾"，也有人翻译为"后悔"，但感觉都不够契合。本书姑且将其译为"懊悔"。

泰勒做了这样一个测试：

甲先生在电影院排队买票。到了售票口，他发现他是这家戏院的第1万名顾客，因此得到了1000元奖金。

乙先生在另一家电影院排队买票。他前面的人刚好是这家戏院第10万名顾客，得到了10000元奖金，而乙先生因为紧随其后，也得到了1200元奖金。

你愿意当甲先生还是乙先生？

泰勒说，出乎意料的是许多人宁可当甲先生（得到1000元），而不愿意当乙先生（可以拿到1200元），理由就是不想感到懊悔。与1000元奖金失之交臂，会让这些人痛心不已，因此他们宁可少拿200元，也要避免因为懊恼而跺脚。

泰勒把这种心态称为"懊悔规避"（Regret Aversion）。

千金难买早知道，懊悔对心灵的摧残是漫长而痛楚的。懊悔理论对人生、事业、投资都具有哲学意义。

行动的懊悔VS忽视的懊悔

假设你是一位"彩民",每天你只能花2块钱买一张彩票。半年来,你每天都只买同一组号码,可惜你一直没有中奖(这太正常了)。这时,好友建议你改买另一组号码,你会改变吗?

不用解释,你也知道原来那组号码与新的号码,中奖概率完全一样。

但你知道,可能会面临两个懊悔。

第1种懊悔:不听劝,继续买原来的号码,但是新号码中奖了,你的没中奖。

第2种懊悔:听人劝,改买新一组号码,但是原来那组号码偏偏中奖了,新号码却没中。

这两种懊悔,哪一种带来的痛苦更强烈?

多数人会觉得第2种懊悔更为强烈,因为你已经对原来那组号码倾注了太多感情。

第1种懊悔,因为没有采取行动,我们叫它"忽视的懊悔"。

第2种懊悔,因为采取了行动,我们叫它"行动的懊悔"。

行动不如不动

对于大多数人来说，行动的懊悔要大于忽视的懊悔。所以，有时候，我们宁可将错就错，也不愿打破现状，对其他选择故意忽视。

假设阿聪拥有价值1000美元的"海神"公司股票，一个好友建议他把这些股票卖掉，改买1000美元的"华星"公司股票。阿聪没有理会。一年后，"海神"股价跌了30%，他原来的1000美元现在只剩下700美元。

现在，假设苏苏拥有价值1000美元的"海神"公司股票。在同样的期间，一个好友建议她卖掉这些股票，改买1000美元的"华星"股票，她照做了。一年后，"华星"股价跌了30%，使她的1000美元投资只值700美元。

以上两个例子中，你认为阿聪和苏苏哪个人会更难受？

实验表明，大多数人认定苏苏会更难过些。毕竟苏苏是因为采取了行动才赔了钱，阿聪却什么都没做，至少表面上是这样。其实这两个投资人心里都不好受，只是苏苏可能自责更多些罢了。她可能怪自己多事，或者怨自己自作自受。

季军反而比亚军更快乐

心理学家收集了游泳、摔跤、体操、田径等项目的比赛及发奖录像资料，请一些对体育完全不了解的人观察得奖者的表情，并且判断他们所看到的运动员是否高兴。结果显示，获得铜牌的运动员远远比获得银牌的运动员快乐。

有研究者在雅典奥运会上拍摄了数千张柔道比赛的照片，聚焦运动员在获得或者失去奖牌那一刻的神情，结果发现，获得铜牌运动员的表情接近于获得金牌者，而获得银牌运动员的表情接近第五名。

行为经济学家认为，摘得铜牌比摘得银牌感觉更好，这一切都和"懊悔"有关。因为亚军会忍不住想，就差一点儿就得了冠军。

两位乘客都迟到了30分钟到达机场，结果，克雷恩被告知，他的航班早就准时起飞了，而托马斯则得知，他的那班飞机延迟了25分钟起飞，恰恰在5分钟前离开。这次很容易判断，显然托马斯会更后悔——这也是卡尼曼曾做过的实验，96%的被试者都做出了这样的判断。

反事实思维

懊悔并不仅仅局限于客观事实，想象力会让我们想那些根本不存在的东西。人脑的一项基本功能，就是进行反事实思维。

人之所以成为人，就是能想象出一个与现实不同的世界，即可能是怎样，或应该是怎样的世界。

你和白玫瑰结了婚，却想象和红玫瑰婚后该是怎样的一种情形。你选择了红玫瑰，却忍不住想，我要是和白玫瑰结婚是不是更幸福呢？

反事实思维，一般都是被那些令人不愉快的事情所激发出来的。爱情出现了危机、工作不顺等。

"娶了红玫瑰，久而久之，红的变了墙上的一抹蚊子血，白的还是'床前明月光'；娶了白玫瑰，白的便是衣服上沾的一粒饭黏子，红的却是心口上的一颗朱砂痣。"

假如有两份工作可供你选择：

甲工作：高薪，但同僚钩心斗角。

乙工作：同事友善，但薪水低。

在做选择时，你会很自然地想：如果有一种两者优点兼备的工作可供选择该多好啊！

当然，反事实思维分两种，一种是"上行反事实思维"，一种是"下行反事实思维"。比如，奥运会中的银牌得主如果想：我可能会在比赛中摔倒。这就是进行"下行反事实思维"，会愉快一些。如果这位银牌得主想：我本来可能获得冠军。这就是进行"上行反事实思维"，会痛苦一些。

进退维谷

阿福是一个股民，在网上炒股票，交易费用为零，股票抛出以后，钱会自动转账到他的活期存款账目中。

上个月，阿福买了 10000 股"海神电器"，当时买入价是 32 元 / 股。阿福今天上网一看，却发现形势不妙。"海神电器"已跌到了 15 元 / 股。阿福呆呆地坐在电脑面前，到底要不要抛掉呢？他无法做出最后的决定。鼠标就停在"抛售"这个按钮上，但阿福始终没有勇气点下去。

问：如果你是阿福，你最终究竟会选择抛，还是不抛呢？

实验结果是绝大多数人都选择"不抛"。

正当阿福举棋不定的时候，电话铃响了。当阿福接完电话再次走进房间时，发现宠物猫咪爬到桌子上了，猫爪子正好搭在鼠标上，按下了"抛售"键。

阿福原来的 3200000 元，现在已经变成了 150000 元，并且实时地转到他的活期账目中。

问：如果你是阿福，你现在是否立即再把"海神电器"买回来以继续持有呢？还是再等等看，或者把这 150000 元投资于其他的股票？

实验结果是大部分人选择不买。

其实这两道题是等价的，你所需做出的决定都是在"海神电器"价格 15 元 / 股的情况下，决定到底是继续持有还是立即出手。

如果你不想卖掉你的股票，是因为你觉得它行情看涨，那么猫咪是否"闯祸"并不影响它的行情，你应该在猫咪"闯祸"后再把它买回来；如果说猫咪"闯祸"以后你不愿意再把它买回来，说明你不看好这只股票，那么你应该在第一个问题里面就把股票卖掉。

这个实验是由华裔学者奚恺元教授设计的，叫作"持有者悖论"。

当房子成为负资产，你会懊悔吗

让我们坐着时光穿梭机，来到 30 年前的英国。主角是一个天生保守、急于想拥有一套属于自己房子的小白领。

此时的楼市正处在最严重的泡沫状态，房价一路高歌猛涨。大家都在像抢购大白菜一样抢购房子，期望现在买的房子到将来能更加值钱。

这位白领本可以租套房子，由于利率较低，从短期来看，贷款买房比租房更划算。但大家都在买房子，"天塌砸大家"，也不是他一个人做"经济跑会"。于是，他打定主意要买房。

他的收入不高，所以贷款能力有限，向父母借了钱，交了个首付。他以相当于 60 万元人民币的代价，在伦敦郊区购买了一间小户型。

在准备好 15 万元首付款之后，他还得向银行贷款 45 万元。不过正在上升的房价告诉他，这是一笔好买卖的，即使房价有所下降，那 15 万元首付也足够应付了，有什么好顾虑呢？

英国经济在 1990 年和 1991 年开始衰退，楼市急转直下，房价一泻千里。那些急于获得到现金的地产商建造了大量的小户型房子。突然之间，没有人需要它们了，众人所期望的"往上爬"的链条就此消失。

最初的购房者由于害怕房价会继续跌下去，纷纷将手里的房子抛售。

这位小白领遭到的打击尤为严重，他的小户型公寓价格崩溃了。当市场在 1995 年陷入低谷的时候，它的价值大约 28 万元。也就是说，就算把房子卖掉还给银行，他还欠银行大约 17 万元。

可是，这位保守的小白领并没有把房子给银行，为什么？因为英国有很完整的征信体系，你把房子丢给银行不管了，那你的信用也就完蛋了。日后你找工作、创业、纳税甚至生活都会出现问题。一个人破产后，就再也不能拥有私家车，不能到高级消费场所消费……

没办法，损失了所有的存款资产后，他也只能硬扛着。最后，他以大出血的价格卖掉了这份房产，他接受了远离首都的一个城市里的工作……又过了很多年，他终于偿清了所有债务。

李嘉诚说：房价上涨的时候不会死人，但房价下跌的时候却一定会死人。租金涨了，可以换套小一点的房子。但"炒房炒成房东"就比较悲哀了，银行每个月催促还贷的电话、对未来的悲观……都会把一个人压垮。

外重者内拙

低买高卖，是最基本的商业法则。但涉及大宗投资的时候，一个人的决策就不见得那么理性。

玩过牌的人都知道，赌注大小会影响一个人的发挥水平。假如人真的是理性的，赌博技巧就应该是一样的。

庄子曾经讲过一则寓言：有一个赌徒，用瓦器作为赌注的时候，赌技格外高超。当有人拿金属带钩作为赌注和他赌博时，他就有点儿发挥失常了。后来，又有人拿黄金作赌注和他玩，结果他一败涂地。

庄子总结说："外重者内拙。"对外物看得过重的人，理性一定会受到影响。

曾有一个收废品的小贩,靠着勤奋与聪明积累了百万身家。某年铁价大跌,"破烂王"拿出 100 万元存款,又从银行贷款 200 万元囤积了一批废铁。不久,铁价从 1.2 元/千克涨到 1.8 元/千克;又过了一周,从 1.8 元涨到 2.2 元。

"破烂王"想出货了,但他想:如果再涨怎么办?再等一等。又过了一周,从 2.2 元涨到 2.8 元。

"破烂王"说:涨到两块九就出货。话音未落,价格已经跌到 2.5 元。

他幻想价格还能回升,但价格第二天就落回到 1.5 元。

当他在为"卖,还是不卖"踌躇的时候,价格已经掉到 0.9 元了。

他最终的止损价格是 0.6 元。

除了具体数字有些出入,这是一个真实的故事。这个故事有一个超悲惨的结局,因为这次风险已经超出这位靠锱铢必较起家的人的承受范围。或许在过去,他有过不少靠铁价波动获利的经验,但这次实在玩得太大了。

投资额的大小,到底是怎样影响人的理性决策的,这是行为经济学应该深入研究的一个课题。

宁错勿孤

政客的信条是:宁与人共醉,不要我独醒。

一群原始人，就算选择错误，但只要抱团儿，也要比独自选择正确的方向更为有利。身处集体当中的优势能够战胜孤军奋战的劣势。

一个人必须和他人共同生存，就算大多数人是愚昧无知的。倘若特立独行，你可能会比较聪明，但也只能走向荒蛮。

人们骨子里需要一种非理性，需要"随大流"，有时候特立独行是没有价值的。所以，自负的疯子常常能够吸引追随者，内省的智者则缺乏吸引力。

但赌客的信条应是：宁与人共醒，不要我独醉。

市场走弱，你会依然恋战吗？市场处于底部区域，你会加仓吗？然而，在多数人一致看好时就撤退，或在多数人一致悲观时加仓，那需要多大的勇气？

懊悔规避和寻求自豪可以解释投资者的"羊群效应"（从众心理）。

人们随波逐流，是为了避免由于做出了一个错误的投资决定而后悔。

正所谓"天塌砸大家"，许多投资者认为，买一只大家都看好的股票比较容易，因为大家都看好它并且买了它，即使股价下跌也没什么。大家都错了，所以我错了也没什么！

如果固执己见，买了一只大家都不看好的股票，买入之后它就下跌了，自己就很难合理地解释当时买它的理由。

此外，基金经理人和股评家对名气大的上市公司股票情有独钟，主要原因也在此，如果这些股票下跌，他们因为操作得不好而被解雇的可能性较小。

固守现状

"懊悔规避"可以帮助我们理解政治和经济生活中的一些现象。

比如,历史上许多重大改革都是"危机驱动"的——不到迫不得已,不会去改革。保守的政治领袖会采取明哲保身的策略,不去做决策或仅做无关紧要的决策。因为如果做出的决策导致了损失,这比起不做决策或做出的决策没有效果来说,将会引起更大的懊悔。

再如,面对熟悉和不熟悉品牌进行选择时,消费者更乐于选择熟悉的品牌。

因为,消费者可能会考虑选择不熟悉品牌造成效果不佳时的懊悔要比选择熟悉品牌的懊悔要大。

传统经济学的坚决捍卫者——保罗·塞缪尔森曾经通过一个经典实验来揭示人的这种心态。被试者是一些对经济学和财务知识有相当认识的学生,实验者给他们出了下面这几个问题:

你经常阅读有关金融方面的报道,可是一直没有钱能够用于投资。最近,有个远房亲戚遗留给你一大笔钱。你通过仔细考虑后,把投资的范围缩小到以下4种选择。

A. 购买甲公司的股票。这是一只风险适中的股票,在未来一年中,有50%的机会股价会提高30%,有20%的机会股价会维持原状,有30%的机会股价会降低20%。

B. 购买乙公司的股票。这是一只风险较高的股票，未来一年有40%的机会股价会提高1倍，有30%的机会股价会维持原状，有30%的机会股价会降低40%。

C. 购买国库债券，几乎可以确保未来一年能够得到9%的报酬。

D. 购买市政债券，几乎可以确保未来一年能够得到6%的报酬，免税。

你会选择哪一项投资？

不出所料，这些被试者大多数是根据自身承受风险的能力来选择投资的。因此，有32%选择了中度风险的股票，有32%选择了保守的市政债券，有18%选择了风险较高的股票，另外18%选择了国库债券。

但是，这些结果并不特别重要或有趣，真正有意思的还在后面：塞缪尔森向另外几组学生提出了类似的问题，只不过他们是在某种现状下做选择。也就是说，这些学生发现他们接受的财产已做了某种投资安排，而他们必须决定究竟是要维持这种投资，还是要加以改变，请看下面的问题：

你经常阅读有关金融方面的报道，可是一直没有钱能够用于投资。最近，有个长辈遗留给你一大笔财产，其中一大部分已投资购买了甲公司的股票。现在你必须决定究竟是要维持原状，还是要把钱投资到别的地方，而且不必考虑税收和交易佣金。你会选择哪一种方式？

A. 保留甲公司的股票。这种风险适中的股票，在未来一年中，有50%的机会股价会提高30%，有20%的机会股价会维持原状，有30%的机会股价会降低20%。

B. 投资购买乙公司的股票。这种风险较大的股票在未来一年中，有

40%的机会股价会提高1倍,有30%的机会股价会维持原状,有30%的机会股价会降低40%。

C. 购买美国国库债券,几乎确保未来一年可以得到9%的报酬。

D. 购买市政债券,几乎确保未来一年可以得到6%的报酬,而且不必缴税。

实验的结果如何呢?不论设定的现状是哪种投资,大多数人都选择维持现状。例如,一旦获悉这笔钱已用于购买市政债券,有47%的人会决定维持这种非常保守的投资。相比之下,在前面的实验中,资金尚未做任何投资时,只有32%的人选择市政债券。

这实在令人费解:如果没有特殊情况,只有3/10的人会把钱放在市政债券里。但是,一旦获知钱已经买了市政债券,几乎有一半的人会认为这是最适当的投资,尽管当初这样做并非出自他们的选择。

"固守现状",并非现状真的多么吸引人,根本原因在于人们害怕懊悔,厌恶悔根。

追求自豪的"卖出效应"

经济学家赫什·谢夫林(Hersh Shefrin)在一项研究中发现:与懊悔规避相对应,决策者还有一种寻求自豪的动机。假设你有两只股票,一只赚了20%,另一只赔了20%。你现在缺钱,必须卖出一只,你会卖哪只呢?

一般人会有这样的逻辑:

卖掉赔钱货，会造成该股票已经赔钱的"事实"，承认当初的抉择是错误的，会带来懊悔。再等一等，也许会变成赚钱的股票呢！

至于赚钱的股票，也许它还会上涨，虽然它赚得不算多，但"屁和（hú）也是和（hú）"，这会激发一种决策正确的自豪感，而没有懊悔的感觉。

懊悔规避与追求自豪造成了投资者持有获利股票的时间太短，而持有亏损股票的时间太长。急于脱手赚钱的投资，却把赔钱货留在手上。谢夫林称之为"卖出效应"。

美国加州大学的一位金融学教授的一项调查明确证实了这一点。

这位教授通过对几千名投资人前后的交易记录加以研究，结果显示：这几千名投资人，多数情况下会出售价格正在上涨的股票，却宁愿长期持有价格下跌的股票。

调查显示，投资人卖掉的股票在其后12个月中的涨幅，比他们留下来的股票高出了3.4%。换言之，投资人卖掉的是应该留住的股票，却留下了应该卖掉的股票。

最不可思议的是，卖掉某只赔钱的股票时，美国税务部门会帮投资者减掉等额的税款（最高可以减3000美元），也就是说，你只要认输，政府就会替你埋单。尽管如此，许多投资者还是拒绝认赔。

投资人死抱着赔钱货不放，却急着卖掉赚钱投资的倾向，正是"寻求自豪"和"懊悔规避"效应在起作用。大多数人总是情愿卖掉赚钱的股票或基金，是为了把已经赚到的钱及时放进口袋，却不太愿意卖掉赔钱货，让自己接受赔本的事实。

由于不愿接受卖掉赔钱货后亏本所带来的痛苦，于是他们逃避现实，毕竟，它的价格再跌，也只不过是"账面损失"，还不能算是正式赔钱。但是，一旦把真的把赔钱货卖掉，损失就变成活生生的现实了。

让蹩脚的交易员放弃头寸，比让他们离婚还难

金融界有句名言：让蹩脚的交易员放弃头寸，比让他们离婚还难！

人就是善于自欺的动物，当手里的股票变成赔钱货的时候，拒绝接受现实，壮士断腕。这时他们常常摇身一变，自称"长线"投资人。

托尔斯泰说："幸福的家庭总是相似的，不幸的家庭各有各的不幸。"

投资何尝不是如此？

赢家的际遇各不相同，输家的心态却如出一辙。通过懊悔理论和前景理论可以推导出投资失败者的一般心路历程：因贪婪而投资，因亏损而惜售，因希望而等待，因小利而放弃。如此往复，钱便越变越少，不变的只有行为方式。

第6章
随意却有效的锚定效应

传统经济学认为，人们的决策是理性的，不会被无意义的数字干扰。

卡尼曼和特韦斯基所发现的"锚定效应"，是一种非常典型的心理偏差，它是对"理性人"假设的又一次否定。

先入为主

现在请一组人回答两个问题：
① 请问拉贾斯坦邦人口超过 50 万吗？
② 你猜拉贾斯坦邦的人口有多少？
再请另一组人回答两个类似的问题：
① 拉贾斯坦邦的人口超过 1800 万吗？
② 你认为拉贾斯坦邦的人口有多少？
两种情况下对拉贾斯坦邦人口的估计会一样吗？

一个很有趣的结果是，人们在回答第二个问题时都受到第一个问题的影响，第二个问题的答案随着第一个问题中数字的增大而增大。这个实验可以说明人们一种常见的心理偏差，即锚定效应。

锚定效应（Anchoring Effect），是指当人们需要对某个事件作评估时，会将某些特定数值作为初始参照值，这个初始参照值像锚一样制约着评估结果。

这就是中国人常说的"先入为主"。人们作一个决定时，大脑会对得到的第一个信息给予特别重视。第一印象或数据就像固定船的锚一样，把我们的思维固定在某一处。"锚"是如此顽固而又不易觉察，要把这种"锚"拔起，远比你想象的要困难得多。

"维多利亚的秘密"的秘密

在同一品牌系列产品中,商家会制造一款"极品",标出一个令人咋舌的价格。这款"极品"能否售出并不重要,关键在于它将价格"锚定"在高位,悄悄改变了相关产品的参照值。

"维多利亚的秘密"(Victoria's Secret)是美国最著名的内衣品牌,拥有一件"维多利亚的秘密"是不少女性的愿望。从1996年起,该公司每年圣诞节前都会由超级模特代言,高调发布一款价值数百万美元的镶钻文胸。

在巴西超模阿德瑞娜·利玛穿着的一款"维多利亚的秘密"文胸上,共有3575颗黑钻石、117颗1克拉圆钻石、34颗红宝石等共大约3900颗宝石,价值500万美元。

此举不仅能吸引媒体注意,收到广告效果,更能促进相关产品的销售。

当这款文胸出现在公司产品目录上时,其实已经悄悄塞给了顾客一个价格参照系。

不难想象,当一个男人在买一件"维多利亚的秘密"讨好妻子时,他先看到一款标价500万美元的文胸是什么心情,再看到一款标价才298美元、样式、质地也很好的"维多利亚的秘密"又是怎样的心情。

对于企业来说,就算钻石内衣卖不掉,上面的钻石可以拆下来,明年继续用,几乎没有什么损失。"维多利亚的秘密"的疑似仿效者有:

- 美国 ASANTI 公司，镶有 12000 颗钻石和 800 颗蓝宝石的汽车轮圈，报价 200 万美元。
- 瑞士昆仑（Corum）公司，镶满钻石的"经典亿万陀飞轮"，全球限量 10 块，标价 32.5 万～99.8 万美元。
- 德国史蒂福公司，黄金绒毛泰迪熊，全球限量 125 只，每只售价约合 8.6 万美元。
- 英国的 Luvaglio 公司，钻石笔记本电脑，标价 100 万美元。

手段不在高明，有效就行。

定一个荒唐的天价，再给一个非常优惠的折扣，就能大大促进商品的销量。虽然是简单至极的手段，却是零售业的金科玉律。

几乎所有的电视购物节目都会利用"锚定效应"。一开始先报个高价，然后不断降价，不断超越你的期待。然后催促你赶快买，赶快买！再不买就没有了，现在买还送礼品哦！

"维多利亚的秘密"专卖店里，数千美元的文胸，因为有了数百万美元文胸的衬托，会更加畅销。

飞来之锚

锚定效应几乎无处不在，但人们常常没有察觉。为了说明这一点，我们先回顾一段历史。

亚历山大，古代世界最著名的征服者之一。

他 20 岁即位，21 岁远征波斯，他的铁骑曾经横扫亚欧大陆，在征服波斯、埃及和印度北部以后，在回军途中患疟疾驾崩，终年33岁。

请问：亚历山大死于公元29年之前还是之后？

在仔细阅读这个问题之后，你可能已有警觉，命题人只不过用了一个障眼法，主要用意就是硬把一个年份（公元29年）塞进你的脑子里。

你很可能觉得这个年份不太对劲，似乎太早了一点。不过，等你想要提出更正确的年份时，29这个数字已经深植于你的脑海中，并且已经影响到你的判断。

结果你再怎么努力，提出来的数字还是太接近公元29年，实际上亚历山大死于公元323年。

硬塞给你的"锚定点"

康耐尔大学的拉索教授也曾向500名正在修MBA的学生提出类似的问题，他的问题是：匈奴王阿提拉在哪一年战败？

拉索要求这些学生把他们自己的电话号码最后3个数字加上400，当作这一问题的"基准"数字。

如果得到的和是400~599，这些学生猜测的阿提拉战败年份平均是公元629年。

如果得到的和是1200~1399，这些学生猜测的阿提拉战败年份平均是公元988年。

这些被试学生明明知道他们得到的基准数字毫无意义，可是这个数字却仍然对他们产生了影响。

我们不妨把这些影响他们思维的参考数字叫作"锚定点"。

被试者得到的"锚定点"数字越大,他们所猜测的阿提拉战败时间也就越晚。

阿提拉实际是于公元451年兵败。

当然,也许读者会有疑问:被试者将自己电话号码的最后3个数字加上400,是否会让他们产生误解,觉得这是有意向他们提供某种提示。

不会,因为电话号码的最后3个数字,可能是从000到999的任意一个数字,这些高智商的学生明明知道这些数字与问题毫不相干。

随机锚定也会影响你

德国人以严谨著称。

法律工作者应该是严谨与理性的。

行为经济学家分别找了一些任职时间在15年以上的德国法官来做测试。

实验人员先让他们读一则案例。这则案例是说,有一位德国妇女,在商店顺手牵羊偷了一部单反相机,不凑巧的是,她被商店的保安抓住了。

然后,实验人员递给读过这则案例的法官一副骰子。这副骰子其实是做了手脚的,它要么结果为3,要么结果为9。

骰子一停,实验人员就问法官,是否应该将该妇女送进监狱,服刑时间应该比骰子点大还是小?

最后,实验人员问法官,他给这名妇女定下的刑期具体是多少。

实验结果令人非常不安。平均而言，那些掷了9的法官认为应该关她9个月，那些掷了3的法官则认为应该关她5个月。

特韦斯基和卡尼曼也曾做过类似的实验，他们找了一批MBA专业的学生，要求估计在联合国里面，非洲国家占有多大的百分比。

他们为此做了一个可以旋转的轮盘，把它分成100格，分别填上1到100的数字，并当着这些人的面转动轮盘，选出了一个号码。

当转动这个轮盘之后，指针定在数字65上。下面你需要回答这样一个问题：非洲国家的数量在联合国国家总数中所占的百分比是大于65%还是小于65%？

这是一个常识问题，略加思考就知道，非洲国家在联合国国家中所占的比例肯定小于65%。非洲国家的数量在整个联合国中占的实际比例是多少？

被试者给出的答案平均是45%。

接着，卡尼曼又找了另一群学生做了相同的实验。当这个幸运轮停止转动后，指针对着的是10。问：你认为非洲国家在联合国国家总数中所占的百分比是大于10%还是小于10%？

这是一个常识问题，略加思考就知道，非洲国家在联合国国家中所占比例肯定大于10%。非洲国家的数量在整个联合国中占的实际比例是多少？

被试者给出的答案平均是25%。

为什么同样的问题，两种情况下得出的答案差距如此之大呢？当幸运轮上出现的数字是65的时候，估计的百分比大约是45%；而当幸运轮上出现的数字是 10 的时候，估计的百分比就变成了 25%。

这些人如果知道这个所谓的"锚定点"对他们的答案有这么大的影响，绝对会感到惊讶。

轮盘无论转出什么数字，都会卡在他们的潜意识里。虽然他们明知这个数字毫无意义，却仍然据此对毫不相干的事物作出结论。

被试者明明知道：幸运轮上出现的数字是随机的，然而他们给出的答案还是会受到先前给出数字的影响——即使这些数字是与之无关的。换句话说，人们的答案"锚定"在先前给出的无关数字上。

在实际生活中，你可能想不到自己也经常认定某个数字或想法，并让它来影响你的经济行为。

你计划花多少钱买订婚戒指

假如你要结婚或订婚了，订婚钻戒上应该花多少钱比较合适？

大部分人对这个问题的标准答案是"两个月的薪水"！这也是黄金珠宝业鼓吹的标准。这其实非常荒谬，因为按照情理，选购戒指的价格应该是你力所能及的范围。但事实上，你却认同了另一个参考标准。

珠宝商人非常精明，他们知道让大家把两个月薪水当作一个最起码的标准，就可以为他们这一行带来更大利益。

原来不想花这么多钱的人，可能就会因此觉得花的钱如果低于这一标准，就会被看成吝啬鬼，于是，他们就不知不觉地接受了这一标准。同时，那些愿意花更多钱的人，还是会照样挥霍，他们会觉得这样的标准只适合那些没有钱的人。

在这方面，实际上有两种不同的成见，一种是有意的误导，另一种是无意的误导。

利用"锚定效应"操纵谈判

多数人认为，在谈判中最好让对方先开价，这样你就可以去估计对方的底价，可以拥有更多信息。但事实上，让对方先开价，这个价格就会成为谈判中的一个锚，即使你努力调整，也很难摆脱这个定位效应的影响。

有个收藏家看中了一件古董，但是卖主开出了天价。虽然收藏家对这件古董志在必得，却不愿多掏钱。于是他让自己的两个朋友佯装成顾客，先后到店里去选古董。第一个朋友给这个古董开出了一个不可思议的低价，卖主说："神经病，你根本没有诚意买。"不久，第二个朋友又去那家店，开出了一个虽然比前者高但仍然很低的价格，卖主又说："太低了，我不可能卖给你。"这时候，收藏家出现了，他只在第二个朋友开价的基础上稍微加了一点儿价，就如愿以他期望的价格买下了这件心仪已久的古董。

一桩交易，双方都难以估量其价值，如果你是卖家，就主动开价，而且开价越高越好，先发制人。同样，如果你是买家，也应该争取先开价的机会，而且价开得越低越好，塞给对方一个"锚"。

杀价的艺术

《镜花缘》里有个君子国，该国人人以"自己吃亏、别人得利"为乐，以至于市场上卖家力争少要钱，买家力争付高价，往往争执不下，难以成交。"君子邦"乃乌有之乡，现实世界的交易报价往往是"狮子大开口"，倘不忍"杀价"，"被宰"的就只能是自己。

鲁迅说，中国革命要想取得成功，就必须有"学者的良知"和"市侩的手段"。类似地，如果你活在一个不太规则的商业氛围里，就要通晓梁实秋老先生的杀价艺术——要有政治家的脸皮、外交家的嘴巴、杀人的胆量、钓鱼的耐心。

①货比三家，瞅见欲购之物，要处之淡然。瞧他缺什么，你就说要买什么，店家没货，顿感磕碜。漫不经心地问及所需之物，卖家已惭愧在先，价钱自不敢高叫。

②对所需之物，尽量用比较内行的话挑毛病，卖家出货心切，自然又赢得杀价主动权。

③杀价要狠。拦腰一砍，心慈手软。有些卖家早就预料买家会"拦腰砍"，报价"虚头"更高，对此要灵活拿捏。

④狠得下心，还要说得出口。讨价还价是耐心的较量，双方互有妥协，卖家一分一文地减，你就一分一文地添。在商言商，无须恪守义无反顾、计不旋踵的气节。还了价，店家不答应，你大可掉头而去，若他

请你回来，必是有妥协的意思；若不请，你又志在必得，就应有回头的勇气。

俗云："漫天要价，就地还钱。"买卖双方都在有意无意地运用"锚定效应"，试探、妥协。

"虚头"有时是无奈之举

如果顾客普遍"就地还钱"，那么就算诚实的商家有时也不得不"漫天要价"。

对于一件顾客不是很熟悉的商品，如果标价10000元，顾客愿意出多少钱买下来？同样的一件商品，如果标价6000元，顾客愿意出多少钱买下来？

在标价10000元的情况下，买卖双方在一番激烈的讨价还价后，如果最终能以7000元成交，买家会很高兴。因为你以7000元的价格买下了标价10000元的商品。而在标价6000元的情况下，买家是绝对不会以7000元的价格买下这件商品的。

买家在还价时往往"锚定"在标出的价格。如果标出的价格较高，买家在还价时一般就会给出较高的价格，并因砍去了"虚头"而颇有成就感。

"地王"是楼市之锚

中国实行的是土地国有政策，如果某块国有土地的成交价格创下新高，动辄几十亿的天价。那么这块用来盖房子的土地就叫"地王"。

"地王"有区域"地王"，也有全国"地王"，"地王"是房价的一个锚定点。有位地产商透露玄机："这就好比是一个大百货公司，开了一家奢侈品店，赚不赚钱其实不重要，关键在于提升这个百货公司的档次。"

如果在"地王"上盖楼，价格平均下来，每平方米的土地成本就要占几万。面粉都涨价了，面包还会不涨吗？

所以，"地王"每次出现，消费者的心理价位都悄然被抬高，周边房价由此暴涨，进而带动全市、全国房价暴涨。

在广州，曾经有27个"地王"，这当中24个几年未正式动工，一直在那里"晒太阳"。其实，地王多是用来拉高房价的，根本不是拿来盖房子卖的，这就和"维多利亚的秘密"一个道理。情形如下：

几个开发商坐在一起商量，选个代表，各出一点钱给这位代表作为保证金，去参加拍卖会，让这位代表叫价30亿拍个地王。

这位代表在拍卖会上面不改色地叫出天价，连拍卖师都惊呆了，劝其谨慎，下面的地产商笑成一片。

于是，本市房价被整体拉高了，但地王还是没动静。

政府说：赶快把余款付了啊！你不是说30亿买这块地去盖房子吗？

开发商开始哭穷了：唉，您有所不知啊，当时准备的资金，现在出了点状况，保证金我不要了，土地您收回去吧！

地王保证金花了3个亿，本市房价却整体拉高了70亿。买地王的保证金早已经赚回来了，地王也完成了它的"锚定"使命。

于是，政府收回去，再拍卖，新的地王又产生了……而在售的楼盘中，没有一个是使用当年的地王所建。

交易效用

在行为经济学中，有"交易效用"这个概念。我们可以通过两个情景来解释什么是交易效用。

情景1：一个炎热的夏天，你在海滩上纳凉，渴望能喝上一杯冰凉的啤酒。此时，你的朋友正好要去附近的一个电话亭打电话，你托他帮你在附近的小杂货店里买一瓶啤酒。他要你给他出个最高价。那么你最多舍得花多少钱在这个小杂货店买一瓶啤酒？

情景2：一个炎热的夏天，你在海滩上纳凉，渴望能喝上一杯冰凉的啤酒。此时，你的朋友正好要去附近的一个电话亭打电话，你托他帮你在附近的一家高级度假酒店买一瓶啤酒。他要你给他出个最高价。那么你最多舍得花多少钱在这家高级度假酒店买一瓶啤酒？

调查结果表明，第一种情况下统计出的平均价格是1.5美元，而第二种情况下统计出的平均价格是2.65美元。

同样是在海滩上喝同样品牌的啤酒，既享受不到高级酒店的豪华也感受不到小杂货点的简陋，为什么从酒店里购买人们就愿意支付更高的价钱呢？

其实这是消费者受到"交易效用"的影响，所谓的交易效用，是指商品的参考价格和实际价格之间的差额所产生的效用。

这是因为人们对各种商品有一个"心理参考价位"。当心理参考价位大于商品的实际价格时，"交易效用"为正，人们就感觉占了便宜。当心理参考价位小于商品的实际价格时，交易效用为负，人们就感觉吃了亏。而豪华酒店的固定成本固然高，但对于你的需要来讲，其实是无关的。

常识的陷阱

有许多脑筋急转弯的问题都是利用了"锚定效应"。

给你一张纸，把这张纸对折100次的时候，你估计所达到的厚度有多少？

许多人估计会有一个冰箱那么厚或者两层楼那么厚。然而，通过计算机的模拟，这个厚度远远超过地球到月球之间的距离。

因为人们的思维被锚定在"纸是很薄的东西"这个事实上了，觉得即使折上100次也厚不到哪里去。其实答案远远不止几米。

假设一张纸的厚度是0.1毫米，折叠100次的厚度大约是1.27乘以10的23次方千米，这是地球到太阳距离的8×10^{14}倍！

再看下面这个由卡尼曼设计的测试：

请在五秒钟之内，不经过仔细计算，估计 8×7×6×5×4×3×2×1 等于多少？

你的答案是？

现在你让另外一个人（没有做过上面的估计）在五秒钟内不经过仔细计算，估计 1×2×3×4×5×5×7×8 是多少？

他的答案是？

现在比较一下你估计的答案和另外那个人估计的答案，谁的答案数字大，谁的答案数字小？极有可能是你的答案数字大，而另外那个人的答案数字小，并且你们的答案可能都小于 40320（实际计算的答案）。

为什么会这样呢？因为你和另外那个人对答案的估计都"锚定"在刚开始计算的几步上，所以，你估计的答案要大于另外一个人估计的答案，但可能都小于实际计算出来的答案。

再出一个题目供你思考：假定全世界有 50 亿人口，平均每人的血液是 1 加仑，那么把全世界所有人的血液都存入一个立方体，这个立方体的边长为多大？

答案是：立方体的边长为 265 米。

超预期让顾客勃然兴奋

决定成交的，不是关系，不是价格，不是质量，而是"结构"。

假设，你今天生日，你最在乎的那个人说："今天要加班，可能会回来比较晚。"你对此已经带着一点儿失落。下班回到家里，发现他已经为你精心准备了生日晚宴，你有什么样的心情？

这就叫喜出望外，当好事超出预期时，人的大脑就会勃然兴奋。

超越预期，其实也是一种锚定效应。

美国有个卖鞋的网站名叫Zappos，亚马逊在2009年花了8.47亿美元收购了它。这个网站为什么那么值钱？其实并不是这家网站技术有多了不起，只是服务很有一套，他们的品牌承诺，就是不断创造快乐与满足。

Zappos如何创造快乐与满足？最关键的一条就是"用服务传达惊喜"——提供让用户喜出望外的服务，让顾客的大脑"勃然兴奋"，让顾客难忘这种体验，并期待下一次的"勃然兴奋"。

Zappos就是通过调整用户预期之锚来赢取良好口碑的。比如，他们承诺，在他们网站买了鞋子后4天即可送达。

实际呢？绝大多数是当天下订单，第二天用户就收到了货。

这家网站甚至还推出了售后延迟付款的政策，顾客购买商品后3个月内可以不付款。

更贴心的是，这家电子商务网站允许用户买一双鞋，却能试用三双鞋，然后把不合脚的寄回去，而且包邮哦！

制造用户口碑的秘诀，最须记住的一条即"超越用户预期"。

你最初去某家餐厅的时候，发现这家餐厅地段并不好，环境乱糟糟。你对它已经不抱任何预期了，是吧？

这个时候，有个服务员走过来，说："小姐，怎么不高兴，要不要我为你唱首歌？"

你什么感觉？

服务超好，简直太过分了！

海底捞火锅走的就是这套路子。它的服务真的好吗？比五星级饭店还要好吗？但你去五星级饭店是冲着"五星级服务"这个参照值去的，你会很挑剔。而你去海底捞是冲着"苍蝇馆子"这个参照值去的。

无论是乔布斯、迈克尔·戴尔，还是黄章、雷军，都认同这一理念：口碑的真谛是超越用户的期望值。

粉丝行为经济学

意外之喜，能让人的大脑勃然兴奋。

研究人员用香蕉来喂一群猴子，并通过大脑扫描技术监测记录猴子的兴奋程度。

研究发现，与事先得到信号时的情景相比，没有任何预兆的情况下，猴子能得到香蕉会更为兴奋，猴子的多巴胺神经元兴奋得更持久，强度更高。也就是说，与研究熟悉的事物相比，多巴胺系统对新鲜事物的刺激更敏感。

乔布斯是一个表演天才，他最喜欢制造意外之喜。

乔布斯最喜欢做的一件事是，在演讲中，装作漫不经心地说："还有一样东西。"接着，他拿出一件让大众惊叹的新产品。

当人们都在猜测下一代 iPod 是什么样子的时候，乔布斯掏出了一只 iPhone。当大家都觉得发布会结束了，正要散场的时候，乔布斯又漫不经心地拿过来一个信封，从里面掏出一个 Macbook Air 超薄笔记本电脑。

魅族科技的创始人黄章是一个传奇式人物，据说他连高中都没有读完，却一度做出了全球顶级配置的手机。黄章常说："让用户得到的超过预期值。"魅族科技在三年时间仅做出了两款手机，但这两款手机并非"完美之物"。但接着，魅族推出了一系列补差价旧机换新机，甚至免费换新机的政策。再如，魅族手机的待机时间，其他厂商都标注最长时间，魅族却标注最短时间。超高的性价比，超出用户预期的售后服务，促成了用户口碑的形成。

从做 MP3 开始，黄章就开设了网站，j.wong 是其在论坛的注册 ID。黄章本意是通过互联网更近、更及时获得用户的反馈。几年间，黄章发布了数千篇帖子。

无心插柳柳成荫。由于黄章本人的活跃以及魅族产品口碑，魅族论坛的用户越来越多，日活跃用户高达数万。

魅族不需要花重金进行广告宣传，就能获得最高效的广告，因为这些魅族的铁杆粉丝营造了魅族手机的口碑效应。

粉丝口碑营销的威力到底有多大呢？如果每个粉丝能给企业带来两个新粉丝，那么其结果就会让人瞠目结舌。

据统计，一个忠诚的老顾客可以影响 25 个消费者，诱发 8 个潜在顾客产生购买动机，其中至少一个人产生购买行为。铁杆粉丝还可以带动周边产品以及换代产品的销售。

所谓"零缺陷"产品，基本是不可能完成的任务。但是，做出超出顾客预期的产品或服务则要简单得多。维护好铁杆粉丝的关键在于给予他们超出预期的好处,让他们被感动,并得到满足。

黄章说:"有一分钱做一分事。我们的产品要用最好的元器件,这是不能变的。研发也要有大投入。广告现在不是时候。"

当然,魅族很重视门店建设,在珠海,魅族的旗舰店面积有300平方米,里面只卖一款手机,这其实也是树立品牌形象的"道场"。

第7章
自信、自负与拖延

人，就是一个矛盾的综合体。一方面，我们会过分悲观，像一个受迫害妄想狂一样，这也担心，那也害怕。比如，很多人会有飞行恐惧症、担心会在妊娠或暴力犯罪中丧生，其实，坐飞机甚至比散步还要安全，自杀的死亡人数远远高于他杀。

另一方面，我们都是无可救药的乐观主义者。

假设一个场景：你是一个安利的直销员，去敲一个陌生人家的门。门开了，这位主妇一看你是个推销员，二话不说就把门又关上了。你吃个了闭门羹。

痛苦，是吧？此时，你的心里是怎么想的呢？

A. 这个女人素质真差！

B. 我真是一个蹩脚的推销员啊！

选A的人，适合做推销员，因为他通过否定别人，捍卫与肯定了自己。他并不觉得自己的推销技巧有问题，或者穿戴长相惹人厌。他很快就会满血复活，鼓起敲第二家门的勇气。

选B的人，是善于自我反省的人。但他的自信心却已经受到了很大挫伤，再吃几次闭门羹，估计就会退出直销界了。

我们相信自己比一般人高明。因为我们需要乐观主义（或者自欺）来修复自信心。

就算是很自卑的人，内心对自我的评价也要高于别人。

坊间有很多无厘头的励志文章，都怂恿与迎合我们简单的乐观倾向。

高估小概率事件也是一种乐观倾向。比如，我们相信自己会中大奖，相信自己创业能成功。乐观主义是一柄"双刃剑"，解决愚蠢的乐观主义的正确方法是通过学习并利用行为经济学。

狂者幸存VS惶者生存

夜郎自大的人无处不有，不用多论证，你也很难不同意。

事实就是这样，过度自信的情况无处不在，连那些成功的人士都免不了犯这种毛病。

可是，问题在于，你很难认同自己也有这种毛病。

更有甚者，一旦我们开始讨论这一倾向，你那神圣不可侵犯的自信心立刻警觉起来："我应该是比较虚心的！"

过度自信经常让你跟别人相比，并觉得自己还不算太差，甚至不切实际地自我陶醉。

20多年前，心理学家对瑞典的汽车驾驶员进行过一项调查，发现有90%的人自认为驾驶技术属于中上水平。显然，这里面有很多驾驶员缺乏自知之明。这正是过度自信的典型例子。

过度自信的现象充斥着我们的生活。

有人曾对500名已婚女士进行匿名调查，问她们男性婚后出轨的概率，平均而言，她们认为男人出轨的概率超过55%。再问她们自己老公出轨的概率，平均而言，她们认为不会超过10%。

有一个流传甚广的错误翻译，英特尔创始人安迪·格鲁夫的著作 *Only the Paranoid Survive* 被译为《只有偏执狂才能生存》，正确的译法应该是《只有被迫害妄想狂才能幸存》，简言之，就是"惶者生存"。

格鲁夫相信，只有那些缺乏安全感、成天认为自己处于危机四伏、时时都在进行"精神消防演习的企业才可能免于灭亡,正所谓"生于忧患",格鲁夫说:我不惜冒受害妄想之名而整天忧虑很多事情。我担心产品会出意外,也担心在时机未成熟的时候就推介产品;我怕工厂运转不灵,也怕工厂数目太多;我担心用人是否正确,也担心员工士气低落。

在商业界,诚惶诚恐或许真的能提高幸存的概率。

但是,在进化史上,人类被迫参与大自然的赌局,人类曾经是"狂者生存"。

进化心理学告诉我们:乐观或者说自负这种东西,潜伏在人类的基因里。这种东西一度非常重要,它帮助我们的祖先在风险中存活下来,试想,一个人日日夜夜想着被野兽吃掉,岂不精神崩溃?两个实力相当的人如何在搏斗中胜出?靠的是信心膨胀,狭路相逢勇者胜也。

行为经济学的过度自信理论(Over Confidence Theory)认为,大多数人会高估自己的能力、知识和智慧(包括那些自我意识很健康以及那些非常缺乏自信心的人)。

传统经济学假设人是理性的,行为经济学偏偏要证明人是非理性的。按照行为经济学的说法,我们都没有自己想象的那么高明。

哲学家说,乐观是一种愚蠢。但是,悲观又何尝不是呢?

你自信过头吗

你是情场高手吗?一项调查显示,大约83%的法国人认为,自己调情的本领是一流的。

客观地划分,应该1/3的人是一流水平,1/3的人是一般水平,1/3的人是一般水准以下。

这个无聊的调查表明，人类普遍存在认知自大的现象。

好听一点的说法，这叫自信，毕竟这种心态能使我们能够积极地面对生活，无畏地面对生活的种种考验。

但是，按照理性分析，这种自信很可能是过度自信，它会让我们遭受挫败。

话又说回来，有很多事情就是靠人们这种傻傻的自信成就的。

"傻瓜力量大"，是有一定道理的。在自然选择的过程中，"自欺"可以给人以勇气，可以"欺骗"对手，从而在斗争中存活下来。

精神病学上有所谓"自大妄想"一说，但是研究显示，对自我的认知有轻微的自大倾向才是正常的，绝对自知之明的人反而会有忧郁倾向。

我们来做个由美国心理学家设计的信心游戏，这个游戏可以帮助你了解自己是否过度自信。

你可能不知道这些问题的正确答案，不过问题不大，只要你根据估计给出一个最小的估计数字和一个最大的估计数字，以确保正确答案有90%的可能性在这两个数字之间即可。换句话说，这些答案要让你能够安心地拿出 90 元钱为之打赌，以赢取 10 元钱。

	90%信心区间	
	低	高
①截至 2008 年，地球上有多少个独立国家？	——	——
②月球直径有多少千米？	——	——
③上海到芝加哥的空中距离是多少千米？	——	——
④人体一共有几块骨头？	——	——

	90%信心区间	
	低	高
⑤蓝鲸的平均体重是多少吨？	——	——
⑥多少士兵死于第一次世界大战？	——	——
⑦尼罗河的长度是多少千米？	——	——
⑧一头亚洲象妊娠的时间是多少天？	——	——
⑨贝多芬出生于哪一年？	——	——
⑩俄国女皇凯瑟琳有多少个情人？	——	——

注意不要让这个范围太大（缺乏自信），也不要范围太窄（过度自信）。

根据这个选择范围，10个问题你应该答对9个才是。

你对自己回答正确的把握是多大？假如你有九分把握，你就至少要回答对7个问题。

答案附在本章末尾，看看正确答案有几个在你估计的范围内。

假如你有90%的把握，那么你只能答错一个问题，事实在于你对自己的答案过于自信了，即使你没有关于这些问题的知识。

大部分人只答对了3~6个问题。只有不到1%的人答对了9个以上题目。

其实，试图回答这些问题的人，大多不能充分估计自己对这些题目有多么缺乏了解，也不知道如何提出最高和最低的估计数字，好让正确答案落在两者之间。因此，他们提出的估计数字往往差距不够大，不足以弥补他们的无知。

如果你觉得"我对亚洲象究竟有多重毫无概念，所以为了保险，我宁可猜得高一点和低一点"，那么你就可能提出差距足够大的两个数字。

但是，一般人在刚刚得知这一问题时，心里早已产生了一个有关亚洲象的重量或月球直径的概念，所以他们大多还是根据这一标准提出了最高和最低的估计数字。

因此，你在提出最高和最低估计数字的时候，必须做极大的调整。可是，很多人却不小心认定了他们心中的猜测数字，这就显示出他们太过自信了。

坦白地说，除非你是专业人士，否则你猜出的数字很可能差十万八千里。在这样的情况下，还不如更坦白地说："我对这些问题一点概念都没有，我退出游戏。"

计划谬误

要了解过度自信以及造成这种心态的理由，还有一个办法，就是检讨心理学家所谓的"计划谬误"。这种现象是我们人类常见的毛病，比如拖拉、不能按时完成工作等。

在我们的日常生活中，经常有许多事情超过预定时间才能完成。

美国的《个性与社会心理学》期刊曾经发表了一篇有趣的研究报告。这项研究要求一批心理系的学生尽可能正确估计他们需要花多长时间才能完成学术论文。

主持这项研究的学者罗杰·布勒要求这些学生估计"如果一切顺利"以及"如果非常不顺利"，他们需要多少时间才能完成论文。

结果，学生估计他们平均要花33.9天才能完成论文。但是，如果一切非常顺利，平均要花 27.4 天。如果一切非常不顺利，就要花 48.6 天。

事实上，这些学生最后平均花了 55.5 天才完成论文。

一届长达31年的奥运会

1957 年，澳大利亚决定兴建一座歌剧院，当时预算的工程费是 700 万澳元，计划于 1963 年初完工。结果歌剧院到 1973 年才落成，规模比预想的要小很多，却花费了 1.04 亿澳元，相当于现在的 6 亿多澳元。

1976 年，加拿大蒙特利尔争取到奥运会的主办权。市政府宣布，整个奥运会只需花费 1.2 亿美元就够了。田径赛场将设在世界上第一座装有活动屋顶的体育馆。结果是奥运会如期举行，可是这座体育馆的屋顶直到 1989 年才完成，仅此屋顶就花掉了 1.2 亿美元。为此，蒙特利尔市欠下了大量债务。

2007 年末，蒙特利尔传出消息：1976 年奥运会的债务终于还清。对蒙特利尔人来说，奥运债务一日没还清，奥运会似乎就没有完全结束。可以说，这届长达 31 年之久的奥运会终于可以谢幕了。

类似的建筑，在世界上各个城市都能找到，它们是人类认知自大的纪念堂。

过度自信是灾难的根源

根据我所有的经验，我没有遇到任何……值得一提的事故。我在整个海上生涯中只见过一次遇险的船只。我从未见过失事船只，从未处于失事的危险中,也从未陷入任何有可能演化为灾难的险境。

——E.J. 史密斯,泰坦尼克号船长,1907 年

但是,泰坦尼克号于 1912 年沉没,成为历史上最著名的沉船事故。

我们再来看两个"小概率事件"。

在切尔诺贝利核泄漏事件发生前两个月,乌克兰能源与电气大臣维塔利·斯克利亚罗夫这样说:"这里发生泄漏的概率是 10000 年都难遇到的。"

在挑战者号航天飞机的第 25 次发射之前,美国宇航局(NASA)的官员"对飞行风险的估计是 1/100000",也就是这样的风险估计大致等于航天飞机在 300 年的时间内每天发射,也只可能发生 1 次事故,如此的自信,却毁于瞬间。

美国挑战者号航天飞机失事以及切尔诺贝利核泄漏事件的原因,如果不是官员为了保住工作而撒谎,那么一定是过度自信。过度自信给人类带来了难以抚平的伤痛和惨痛的教训。

省小钱,费大事

有人买了一套二手房,需要把门锁换掉。换锁还不是小事一桩,为什么要让防盗门公司白白赚这几十块钱?于是自己去五金店买了副防盗锁来换锁芯。

结果呢?浪费了一下午时间,拧坏了两把螺丝刀,还是没有解决问题。最后不得不让防盗门公司的工人来。算来他也是个有事业的人,时间也很宝贵,居然就这么浪费了。

再如，有些人讨厌中介，出租房屋，挂出谢绝中介的牌子。以为这样可以省掉一层盘剥。然而，房东可能低估了这项工作的复杂性，又高估了自己处理这些问题的能力。

一些房东最后不得不去找房产中介。就连那些成功出租房子的屋主，也并不见得省下什么钱，因为成交的房租可能不是最佳的。甚至有房东因一些预料不到的问题与房客对簿公堂。

过度自信导致交易频繁

一个对自己没有任何信心的人是不会去投资的，更不要说投机。作为投资者，必须避开过度自信的心理陷阱。

研究表明，过度自信的投资者会频繁交易。

心理学家发现，在男性化的职业范畴，如体育竞技、组织领导、财务管理等，男人比女人有着更严重的过度自信。因此，男性投资者比女性投资者交易更频繁。

单身男性投资者又比已婚男性投资者交易更加频繁。

经济学家布拉德·巴伯和特伦斯·奥迪恩的调查显示，单身男性的账户年周转率平均为85%，已婚男性的账户年周转率平均为73%。

在巴伯和奥迪恩的另一项研究中，他们取样1991年至1996年中的78000名投资者，发现年交易量越高的投资者实际投资收益越低。过度自信的投资者更喜欢冒风险，同时频繁的交易也导致交易佣金过高。

交易频繁不仅会导致高额的佣金成本，还会导致投资者卖出好的股票而买入差的股票。

控制错觉

参加投资活动会让投资者产生一种控制错觉（Illusion of Control），控制错觉也是产生过度自信的一个重要原因。

控制错觉的最主要原因是"主动选择"。做出主动的选择，会让人错误地认为自己对这项投资有控制力。

到一家彩票投注点去观察，大部分彩民是自己选号。尽管主动选择与机器选号中奖概率完全一样，但是在买家内心，却认为自己选择的号码有更多胜算。

人类有三种生活：感性生活、理性生活、神性生活。

感性生活自大一点无所谓，情场中自信一些会更有成功的可能。理性生活则要对自己有正确的评价，该不该投资，对自己有清楚的研判。至于神性生活，还是尽可能地谦卑吧！

资讯幻觉

传统的观念是，资讯越多越好。其实，过多资讯对投资者来说并无帮助，有时反而更像一种噪声。

过度自信的根源来自"资讯幻觉"——资讯越多，把握越大。心理学家曾经做过一个实验：

让赌马客从88个他们认为对计算胜率有用的变量中做出选择。比如，往日赛马的成绩表、马匹的健康指数等。

先给赌马客10个最有用的变量，让他们作出预测。

接着，又给他们10个变量，让他们再作预测。

资讯的增加并未增强预测的准确性，奇怪的是，他们对预测的信心却极大地提高了。

投资者和证券分析师们在他们有一定知识的领域中过于自信。然而，提高自信水平与成功投资并不相关。基金经理人、股评家以及投资者总认为自己有能力跑赢大盘，然而事实并非如此。

自负的创业者

统计显示，在美国，能够存活五年以上的小型企业不超过35%。但是，很多小型企业的创办者认为自己不在那失败的65%之列。

81%的美国创业者认为自己企业的成功概率在70%以上，其中有31%的人坚信自己失败的概率为零。

在中国，各种创业选秀节目曾经很火热。许多观众感觉里面的选手表现不过如此，绝大多数没有自知之明，跑到电视上自曝其短。可是，真的换成自己，就一定会表现得更好吗？

统计显示，大学生创业失败率高达97%以上，新浪中国人力资源总监段冬表示："在我接触到的学生创业群中，创业的失败率是99%。"

事前的"验尸报告"

如果不是由于过度自信,不会有那么多人决定去自己创业。

大多数创业者都知道创业成功的可能性不大,但还是前仆后继。他们实在不应该这么乐观,也不应该这么自信,因为大部分小企业寿命不到4年。换句话说,大多数小企业老板都相信他们有能力克服困难,打出一片天下,可惜大多都是竹篮打水——一场空。

如何对抗过分乐观?卡尼曼给出的建议是"事前尸检"。比如,在创业之前,给自己的企业出具一份事前的"验尸报告"。

假设,你的企业已经失败了——它死得很难看。

请用一页A4纸,动用你的想象力,出具一份比较详细的"尸检报告",写上它的"死亡"细节。

这个方法其实是给自己浇冷水,可以避免一些过度自信。但这绝非灵丹妙药,因为我们的自负本能是如此强大。

概率盲

过度自信另外一个来源是:决策者对概率事件研判错误。

卡尼曼认为,人们对于小概率事件发生的可能性估计过高,认为其总是可能发生的。大批"概率盲"的存在,是保险公司、博彩公司赚钱的心理基础。

行为经济学家在研究人们的表现行为时发现，人们买保险的时候，高估了倒霉发生的可能性。他们称之为"对可能发生的小损失投保的偏好"。

去网上搜搜"买彩票"，悲剧实在不少。某人两个月时间里，花1.4万元积蓄去买彩票，没有中奖后竟然割腕自杀。通过买彩票暴富，只是一种传说。可对于"概率盲"来说，这并不是美梦，而是事业。买彩票，中大奖，几乎成了他们的人生目标。

"概率盲"一心巴望着高额的报酬，却不顾及小概率事件发生的可能性，对百万分之一的态度与千分之一几乎没有差别。

> 概率盲的特点：
>
> 高估小概率事件发生的可能性；
>
> 对于中等偏高程度的概率性事件，又易产生过低的估计；
>
> 对于90%以上的概率性事件，则认为肯定会发生。

人们这种错误的概率研判，是过度自信产生的另一个主要原因。

正确答案：

① 194个国家；

② 3476千米；

③ 19312千米；

④ 206块骨头；

⑤ 150吨；

⑥ 830万；

⑦ 6770千米；

⑧ 645天；

⑨ 1770年；

⑩ 12个。

第8章 懂经济，就要有概率思维

军事理论家克劳塞维茨（Clausewitz）说过："数学就是常识的衍生物。"

但概率往往会给人"反常识"的印象，因为概率素以违反直觉著称，其程度远超过其他任何数学理念，有时甚至连著名的数学家也会被概率难倒。

对概率的深刻理解，能让我们超越直觉，探索超出我们理解能力之外的疆域。

孤注一掷，还是细水长流

2004年4月，英国职业赌徒阿什利·雷维尔（Ashley Revell）变卖了所有家产，除了一套身上的衣服和500英镑的零用钱。这一年，雷维尔32岁。

雷维尔身上揣着一张8.5万英镑的支票飞到赌城拉斯维加斯。

雷维尔身穿一件租来的无尾礼服，他拿支票换了一堆筹码，直接前往轮盘赌桌，做一件近乎疯狂的事。他将所有筹码都押在了一场赌局上：他赌白色小球静止时，会停在红色区域内——也就是把赌注押在红色上。

后来的事情全世界都知道了，他凭借超好的运气，不仅没有失去全部家产，还赚到了双倍赌金。围观的人群欢呼雀跃，朋友们与他激动相拥，父亲当众称呼他为"熊孩子"。

在世人看来，雷维尔的方法并不可取，太过草率。

多年后，他在接受采访中也承认："我现在不会这么干了，虽然我还在赌博，但不会做像2004年那样的事情了。我认为自己运气还不错，不过这更多是因为做出了正确的决定。"

其实，雷维尔为此筹划了数月，并且征求了亲朋的意见。虽然他的家人对此表示反对，但朋友们都认为这是个绝妙的主意。

事实上，大多数赌场都讨厌这种一锤子买卖。赌场最喜欢细水长流的赌博行为，这样它们才能根据背后的概率法则稳赚不赔。

雷维尔此前也在这家赌场玩过多次小额赌注的赌博，结果输掉了将近一千美元,这坚定了他孤注一掷的决心。

面对孤注一掷的行为,赌场的庄家优势并不明显,风险难以控制。就算赌场赢了,一旦传出"某位赌客在赌场顷刻间输得一无所有"的消息,赌场的声誉也会受损。因此,当雷维尔把所有赌注放上赌桌时,赌场经理立刻就急了,上前进行风险提示,问他是否确定要这么做。

随机,有时看起来不那么随机

2005年1月,苹果引入了iPod Shuffle,这是一个更具革命性的创新。

乔布斯注意到iPod上面的"随机播放"功能非常受欢迎,它可以让使用者以随机顺序播放歌曲。这是因为人们喜欢遇到惊喜,而且也懒于设置和改动播放列表。

有一些用户甚至热衷于观察歌曲的选择是否是真正的随机,因为如果真的是随机播放,那为什么他们的iPod总是回到诸如内维尔兄弟乐队(The Neville Brothers)的歌曲这儿来?

他们据此认为播放根本不随机。

这个有趣的争论引起了乔布斯的注意,引出一款名为iPod Shuffle的产品。

乔布斯明白,人们对"随机"的理解是非常主观的。于是乔布斯干脆放弃了真正的随机算法,用乔布斯的话说,就是改进以后的算法,使播放"更不随机以至于让人感觉更随机"。

当项目经理努力制造一款体积更小、价格更低的闪存播放器时,他们一直在尝试把屏幕的面积缩小之类的事情。有一次,乔布斯提出了一个疯狂的建议：干脆把屏幕全部去掉吧。"什么？！"项目经理没有反应过来。

"去掉屏幕。"乔布斯坚持。项目经理担心的是用户怎么找歌曲，而乔布斯的观点是他们根本不需要找歌曲，歌曲可以随机播放。毕竟，所有的歌曲都是用户自己挑选的，他们只需要在碰到不想听的歌曲时按"下一首"跳过去。iPod Shuffle 的广告词是："拥抱不确定性。"

失踪的弹孔

1902年，亚伯拉罕·沃德出生于当时的克劳森堡，隶属奥匈帝国。

沃德是一位神童，十几岁时他凭借出众的数学天赋被维也纳大学录取。

但是，在沃德于20世纪30年代中期完成学业时，奥地利的经济正处于非常困难的时期，因此外国人根本没有机会在维也纳的大学中任教。

1933年时，奥斯卡·莫根施特恩（Oskar Morgenstern）还是奥地利经济研究院的院长。他聘请沃德做与数学相关的一些兼职，所付的薪水比较微薄。

1938年，纳粹攻克奥地利，却为沃德带来了转机，这使沃德更加坚定离开欧洲的决心。几个月后，他得到了在哥伦比亚大学担任统计学教授的机会。于是，他收拾行装搬到了纽约。不久，亚伯拉罕·沃德受雇于美军统计部门。从此以后，他被卷入了战争。哥伦比亚大学旁的一个秘密公寓，这里汇聚着全美最受人尊敬的18名数学家和统计学家，他们要做一件事：通过统计学分析来降低战损。

美国空军迫切需要解决一个关键问题，在欧洲和太平洋地区的盟军飞机正在以惊人的速度被击落。在这场战争期间，超过 43581 架飞机可能会因为德国和日本的对空高射炮坠毁。1943 年 8 月的一次由 376 架飞机发起的空袭中，60 架 B-17S 被击落。损失率如此之高，以致统计上不可能让一名军人在欧洲执行任务 25 次。

有一次军方来找沃德，要求他看看飞机上的弹孔统计数据，在飞机的哪个部位加装装甲比较合适。

原来军方派出去的作战飞机，返航的时候往往都会带着不少弹孔回来。为了避免飞机被击落，就需要在飞机上加装装甲，但装甲安装多了，又会降低飞机的机动性，消耗更多燃料。

军方希望把装甲安装在飞机最容易受到攻击、最需要防护的地方。他们希望沃德能算出这些弹孔最多的机身部位究竟需要安装多少装甲。

沃德看了一下统计报告说，你们搞错了，应该装甲的地方不是弹孔最多的地方，而是那些弹孔少的地方，特别是没有弹孔的引擎部位，一定要有装甲防护。

沃德的回答让军方大吃一惊，这是非常有违直觉的建议。

为什么飞机上最应该加装装甲的地方不是弹孔多的地方，而是弹孔少甚至没有弹孔的引擎部位？

沃德的逻辑非常简单：飞机各部位中弹的概率应该是一样的，为什么引擎上会很少？引擎上的弹孔到哪儿去了？原来这些弹孔已经随着坠毁的飞机消失了！军方统计的只是返航的飞机，那些遭遇不幸的飞机被忽视了。

飞机各部位受到损坏的概率应该是均等的，但是引擎罩上的弹孔却比其余部位少，那些失踪的弹孔在哪儿呢？沃德深信，这些弹孔应该都在那些未能返航的飞机上。胜利返航的飞机引擎上的弹孔比较少，其原因是引擎被击中的飞机未能返航。大量飞机在机身被打得千疮百孔的情况下仍能返回基地，这个事实充分说明机身可以经受住打击，因此无须加装装甲。

美军迅速将沃德的建议付诸实施。沃德的建议挽救了多少飞机，在多大程度上左右了战局，我们无从知道，但美国国防部一直有一个认识，如果被击落的飞机比对方少5%，消耗的油料低5%，步兵的给养多5%，而所付出的成本仅为对方的95%，就会成为胜利的一方。

沃德拥有的空战知识、对空战的理解都远不及美军军官，但他却能看到军官们无法看到的问题，这是为什么呢？根本原因是对概率的深刻认识，而概率又是如此反直觉的思维方式。专业的知识、科学的决策，让美军增加了第二次世界大战的胜出概率。

幸存者偏差与选择偏倚

美国军方的疏忽其实是一种典型的"幸存者偏差"（Survivorship Bias），这是一种困扰所有领域数据分析师的认知偏差。这是使用统计数据并理解统计偏差的重要性时最令人印象深刻的案例。

"幸存者偏差"俯拾皆是。比如，某天你遇见一位"直销大咖"，他告诉你自己能拿到多少佣金返点，并邀请你也参加他的直销事业。但这个时候，你应问他，那些失败的直销员有多少呢？

正所谓"一将功成万骨枯"，人们往往因为过分关注目前的人或物以及幸存的经历，而忽略了不在视界之内或者无法幸存的人或物，容易在不知不觉中犯下错误。

成功学的流行也是基于一种幸存者偏差，成功者或许具备意志力、情商等品格特征，但那些更具此类品格的失败者是没有发言权的。成功学也在贩售一份希望。有一句劝你行动起来的鸡汤式励志格言这样说："你要中乐透大奖，也要先去街上买张彩票吧！"是的，只有努力才有机会成功，却从来没有哪位成功学大师告诉你统计学意义上的成功概率，否则就失去了煽动性。所以，任何一个真正有科学素养的人，对成功学都是持批判态度的。

幸存者偏差的另一种表述是选择偏倚（Selection Bias）：由于选择观察方法不当，使被选入的研究对象或观察人群与其所代表的总体间或不同组的研究对象间某些特征具有系统性差别的一种现象。

以1936年的美国总统大选为例，《文学文摘》（*The Literary Digest*）于事前进行了大规模的民调。他们向读者邮寄了1000万份问卷，回收230万份。根据读者的反馈，《文学文摘》预测阿尔夫·兰登将会以绝对优势战胜罗斯福，顺利当选总统。结果事实恰好相反，罗斯福成功连任。

这么大的统计样本，为什么还会产生这种误差呢？其原因就是样本选择的失误，又叫作"选择偏倚"。回收的230万份问卷是受访者的自愿选择，他们对此议题有着强烈的兴趣，根本算不上随机样本。《文学文摘》杂志社还通过电话调查的方式对自己的读者进行了抽样调查，但在当时，能订购杂志、安装电话的家庭大多很富裕，他们的观点并不能代表全美民众。

在特朗普和希拉里竞选期间，再次发生了"选择偏倚"的一幕。美国主流媒体和民意调查机构的民意调查结果都是希拉里的支持率高出特朗普几个百分点，因此在大选前夜，几乎一边倒地认为希拉里的当选率在九成以上。让美国精英大跌眼镜的是，统计手段全然失灵，有九成胜算的希拉里最终败于只有一成胜算的特朗普，整个美国精英阶层被打脸。

你知道降水概率的含义吗

假设你午后有个约会,但忽然想起天气预报说今天午后的降水概率为60%。接下来你会怎么办?这取决于你如何理解"降水概率为60%"这句话。事实上,这句话本身的含义可能跟你所想的完全不同。

美国气象学家曾就人们如何理解天气预报,特别是降水概率预报(PoP)做过一些调查研究,发现大众对"降水概率"这个概念存在一定程度的误读。调查者对于"今天午后的降水概率为60%"这样的预报提供了以下四个选择:

A. 一天中的60%会有降水。
B. 在预报区域内某一特定地点降水的可能性为60%。
C. 降水在预报区域内的某些地方发生的可能性为60%。
D. 60%的预报区域会有降水,40%的区域没有。

只有15%的人选择了正确的答案B,82%的人选择C,选A、D的分别为1%和3%。选错的人超过八成。

关于概率的笑话,在气象预测领域非常多。

琼斯去参观气象站,看到许多预测天气的最新仪器。

参观完毕,琼斯问站长:"你说有60%的概率下雨,是怎样计算出来的？"

　　站长不假思索答道："那就是说，我们这里有十个人，其中六个认为会下雨。"

　　事实上，降水概率的算法和这个笑话有点儿接近。天气预报是基于大气运动原理而建成的计算机模型。早在20世纪60年代初，科学家就发现这类模型"不靠谱"——数据输入时出现一点小失误就会产生截然不同的预测结果。更糟糕的是，这类模型的敏感度常常会发生变化，导致一些天气预报更加不可靠。

　　因此，气象领域越来越多地使用集成方法：使用几十种气象预报图，每张气象图都基于数据上稍有差别的资料形成，然后观察它们随时间推移而偏离的规律。降水概率预报是预报人员根据各种气象资料，经过整理、分析、研判、讨论后，预测出在某一地区及一定时段内降水机会的百分数，气象条件越混杂，最终的预测结果就越不准确，预报误差就越大。

　　这种使用概率的天气预报，美国自1966年起使用，日本是1980年使用，而中国是从1995年起在北京和上海正式开始使用的。美国国家气象局对区域降水概率的设定是在该区域中任何位置下雨的可能性。

　　那么，午后"降水概率60%"意味着总体上有60%的可能性会下雨吗？并非如此，因为气象预报图不过是从现实中抽象出来的模型，它本身的可靠性就是有待商榷的。

第9章 当男士被验出怀孕时

生活中的经济学思维方式

今天，已经有许多病症可以通过自己购买相应的检测工具在家自检，比如过敏感染、艾滋病病毒检测等。

检测结果"精准"得令人印象深刻。但这意味着什么？在何种情况下这些结果才真正准确？这些问题的答案远未明朗。就家用早孕测试而言，真实情况几乎与显示结果一致：如果结果阳性，则表明你极有可能怀孕了。这些测试的假阳性率和假阴性率极低。此外，大多数进行这类测试的女性已经有充分的理由相信自己怀孕了。

美国ABC新闻日前报道，有个18岁的年轻男子，在药柜发现一支前女友遗留下来且尚未使用的验孕棒，开玩笑地拿来验自己的尿液，没想到竟然出现已怀孕的二条线，于是将这个小趣事画成漫画上传至社交网站，吸引了不少网友的注意。其中有网友留言给他，你的验孕测试结果是阳性，有可能是你患上了睾丸癌。结果，竟然证实这位年轻男子的右侧睾丸的确有一个小肿块。

验孕棒的原理是检测女性体内激素的变化，从而让女性得知自己是否怀孕。但是并非只有孕妇才会产生那种激素，患有睾丸癌的男性也会产生同样的激素。这就是为什么男性使用验孕棒可以检测自己是否患有睾丸癌。我们说的这种激素就是HGC，在怀孕期间女性胎盘中自然发现的激素，在患有睾丸癌的男性中同样也会出现。

误解检测结果的危害是显而易见的，尤其是那些决定自己动手诊断某种病症的人。对于在家测试艾滋病的人来说，怀疑测试结果的合理性尤为重要。据说，这类测试的"准确率"高达90%以上。

但除非你有足够的理由相信自己可能被传染了艾滋，否则这一数字也充满误导性。虽然艾滋病的特异性和敏感性的确高于90%，可外界群体感染艾滋病的基准概率是很低的。因此，已知团体以外的人如果得到阳性测试结果，很有可能是假阳性，而非真正的病毒感染。

神奇的贝叶斯方法

在两百多年前,有一位老牧师,名叫贝叶斯。他去世后遗留在抽屉里未发表的一份关于概率的论文,对现有的概率论体系产生了巨大冲击,很多我们自以为科学的发现,用贝叶斯的理论去检验,就经不住推敲。贝叶斯的方法已经成为当前最前沿科技所采用的法宝。

1966年,美国的一架轰炸机在西班牙上空进行空中加油的时候和加油机意外碰撞,导致轰炸机和加油机均起火坠毁。更严重的是,当时轰炸机上带着一枚氢弹,如果这枚氢弹发生意外,后果不堪设想。

美国立刻从国内调集了包括多位专家在内的搜寻部队前往现场搜寻那枚氢弹。但是残骸散落的范围非常大,而且没人知道当时氢弹是如何储存在轰炸机上的,也不知道氢弹是怎么从轰炸机上脱离的。还要考虑氢弹上的两个降落伞各自打开的概率是多少,当时的风速和方向是怎样的,氢弹落到地上之后有可能被埋到土里,等等。因此,搜寻队一时束手无策,不知道从何处搜起。

最后,在这批专家中,有一位数学家提出了自己的搜寻方案。

他先把整个残骸散落的区域划分成很多小方格,然后他召集了各方面的专家。这些专家都有自己擅长的领域,他们有的比较了解轰炸机的结构,有的是氢弹专家,有的是流体力学家,有的是专门研究爆炸动力学的……这位数学家要他们每人做出自己的假设,想象出各种可能的情境,然后在各种情境下,估计氢弹落在各个小方格里的概率。这些专家各自的估计结果综合到一起加权平均后,就得到了一张氢弹位置的概率图——每一个小方格都有不同的概率值。

然后,搜寻队根据这张概率图开始搜寻。他们从概率最高的格子开始搜寻,一个格子搜寻完后,剩下的格子的概率就会进行更新,然后接着搜寻其中概率最高的。结果,氢弹很快就被找到了。

这个方法最初由一名牧师提出。英国长老会牧师兼数学家的贝叶斯创立了这个最终以他的名字命名的公式。

贝叶斯全名为托马斯·贝叶斯(Thomas Bayes,1701—1761),是一位与牛顿同时代的牧师,一位业余数学家,平时就思考一些有关上帝的事情,当然,统计学家都认为概率这个东西就是上帝在掷骰子。

贝叶斯是一位受人尊敬的牧师,他相信神是完美的,这世界上之所以还有邪恶和苦难,是因为人类对自然和宇宙的了解还不够,所以我们要不断探索宇宙的规律。业余时间里,他喜欢研究一些逻辑和概率方面的问题。当时,人们对概率的认识还十分肤浅,如何理解"逆概率"尚无定论,这引起了贝叶斯的兴趣。

常见的概率问题往往是这样的:已知袋子里有5个红球、8个蓝球,闭上眼睛拿出一个,拿到红球的概率是多少?这是"正概率"问题。"逆概率"问题与之相反:袋子里有很多红球和蓝球,从中随意拿出5个,发现3个是蓝球、2个是红球,那么袋子里红球和蓝球的比例可能是怎样的?

贝叶斯利用业余时间对"逆概率"问题做了很多研究,并撰文记录下了自己的研究成果。可惜贝叶斯提出的理论与当时的主流统计观点相左,他的研究成果因此遭到冷落。贝叶斯死后两年,他的好友理查德·普莱斯将他的文章寄给了英国皇家学会,这篇贝叶斯定理的开山之作方才公之于众。

贝叶斯撰写的文章是《机会问题的解法》，文章的表达清晰明确，将"逆概率"问题以点、线、面的方式直观地呈现出来，并在解答过程中提出了贝叶斯公式。

更让人钦佩的是，文章中有关概率的表述十分准确，却没有使用任何与概率相关的数学表达式，这对一个"业余"的数学爱好者来说实属不易。

后来，法国数学家拉普拉斯把贝叶斯定理总结为一个简洁的数学表达式，从此贝叶斯定理被人们接受，并得到了广泛应用。

贝叶斯发现了古典统计学当中的一些缺点，从而提出了自己的"贝叶斯统计学"，但贝叶斯统计当中由于引入了一个主观因素（先验概率）而不被当时的人所认可。贝叶斯的研究结果已经成为概率理论中最具争议的理论，它极其简单，也极其倚重直觉，以至于人们常常忘却其惊人的力量。

这种统计性的推测方法被称为"贝叶斯派"方法。在这里，不妨把进行贝叶斯派统计性推断的统计学称作"贝叶斯统计学"。

贝叶斯统计学将未知参数视作随机变量，并提出了这种随机变量所服从的先验分布。然后，根据先验分布得到的观测值来更新未知参数所服从的分布，更新后的分布称作后验分布。因为每次更新分布都会使用贝叶斯定理，因此这种做法也被称作"贝叶斯派"。

贝叶斯统计学在统计学领域中很长一段时间都被视作异端，这种观点一直持续到20世纪末期。现在，虽然不能说争论（或者说打压）已经完全消失，但在实际情况中，贝叶斯统计学得到了广泛应用，非但已经几乎脱离了异端的定位，甚至还在部分领域中堪称主流，是一种被广泛利用的有效的"统计学"。

贝叶斯定理是这样的：

$$P(A|B) = P(B|A) * P(A) / P(B)$$

这个定理可以用一种更直白的文字描述：

对某事新的信念水平 = 旧的信念水平 + 新证据的权重

这个基于概率的法则有个非常奇怪的地方，它似乎无关乎概率、频率或随机性。相反，它更多的是基于信仰、观念和证据等感性因素。

贝叶斯想要指出的是，我们不仅可以用概率或赔率来量化自己的信念，还可以运用概率学去计算这种看法的合理性。

尽管贝叶斯从未这样表示，但他的定理可以在新证据的启迪下更新（或重塑）我们的信念。

简单地说，贝叶斯定理表明，我们可以用概率学语言捕捉我们对某些结论、假说的信念水平。当用概率去表明某种信念水平合理与否时，贝叶斯定理呈现出最简单的形式。貌似合理的结论，如"明天太阳会升起"，它的合理性会被高概率和低赔率表达出来。难以置信的说法，比如"猫王住在月之暗面"的概率较低，赔率就会很高。

贝叶斯定理表明，我们可以根据新证据的出现乘以一个叫作"似然比"的系数来重塑我们的初始信念，证据的权重（可信度）则由实验室或大规模群体研究提供。尽管似然比看起来很复杂，但它同时也是很直观的。例如，在我们信念正确的前提下，如果证据提供的概率值非常高，这个值就会无限接近1，这是概率中可以实现的最高值。

贝叶斯定理表明了如何根据新证据更新信念，首先你得对某事有一个先验认知。

仍以乳腺癌的筛查为例，假设在筛查结果出来前，我们相信某个病人得乳腺癌的概率是5%，我们可以把初始信念水平即患癌的概率设为0.05。

假设该病人得到了一个阳性的结果,其患癌概率是80%,同时也表明没有患癌(假阳性率)的概率是20%。那么我们发现,筛查测试的似然比是0.8/0.2 = 4,贝叶斯定理告诉我们,一个阳性筛查结果会使我们相信该病人患癌概率达到了初始概率的4倍,由0.05增加到0.2。将它重新翻译成概率,这一数值意味着患癌概率为17%,该病人仍有83%的概率未患癌,尽管结果呈阳性,那个结果很可能只是一个假结果。

高手总能殊途同归,法国数学家拉普拉斯多年来也一直在思考与贝叶斯同样的问题。

1781年,他从一位同事口中得知贝叶斯的作品,于是开始努力攻克"先验问题",并偶然发现了一个简单的解决方案:如果我们没有初始想法,比如在猜测某次抛硬币正面朝上的概率时,为什么不干脆认为它可能是0~100%的任意值呢?这被称为"理由不足原则"或"冷漠原则",这个原则使用简单粗暴,却用途广泛。

拉普拉斯赋予了贝叶斯定理现代感和权威性,所以,有足够理由可以将之称为贝叶斯—拉普拉斯定理。但很快,他的方法受到新一代研究人员的攻击,他们集中抨击了其过程中的"阿喀琉斯之踵":在没有证据的情况下,设定了先验认知水平。一些人反对拉普拉斯以"无证据"作为计算的起点;有些人不喜欢将概率和看似模糊的"信念程度"画上等号。

最激烈的批评来自那些认为贝叶斯—拉普拉斯定理威胁了整个科学事业的人。在他们看来,该定理的初始信念源于主观,这恰恰威胁了科学研究最宝贵之处——客观性。

自尊心极强的科学家们怎能允许这种"无主见的行为"渗入他们追求客观真理的坚定使命中呢?

到了20世纪20年代,贝叶斯定理被逐出科学领域。尽管当代最具影响力的统计学家接受了贝叶斯定理提供的计算方案以解决"条件概率"问题，但他们还是拒绝接受其将证据转化为个人见解的过程。

相反，统计学家们设计了一个基于完全客观的"频率论"概念的全新工具包，在这个工具下，概率仍是频率的结果，只有满足某些条件时才会存在。

从本质上说，这些试图避免贝叶斯定理中"先验问题"的人，通常坚持原来的概率理论公式：假定知道原因，就可以给出预期的结果。

例如，频率论者会假定抛硬币是公平的，再着手检验抛硬币是否公平，然后使用标准的概率公式去推论会得到何种结果。如果结果表明"抛硬币是公平的"这一论点可能性很低，那么频率论者会认为这就证明了其概率很低——有人在作弊！

如果这听起来不太正确，那么恭喜你，你刚刚发现了推理中存在的一个缺陷。这个缺陷是大多数研究人员在20世纪都未能理解的。上面的例子犯了一个根本错误：声称给定B得到A的概率与给定A得到B的概率是一样的。

随着频率论方法的流行，一些统计学家多次警告，忽视真相存在着极大的危险。然而，几十年来，他们的警告似乎被完全忽视了。即使是今天，还有不少研究人员仍在使用频率论的方法从数据中得到结论。这导致无数经济学、心理学、医学和物理学等领域的很多主张和观点，实际上都值得商榷，甚至很有可能是完全错误的。随着研究人员依然基于有逻辑缺陷的频率论不断炮制所谓的"研究成果"，一些有力证据渐渐浮现，足以推翻上述"成果"。有缺陷的频率论竟然能大行其道这么多年，确实让人感到匪夷所思。

其实，在第二次世界大战中，为了解读密码等军事性目的，贝叶斯统计学得到了广泛应用，并取得了巨大的成果。由于贝叶斯统计学是一种高效的"军用技术"，战争结束后，军方也刻意将这种方法雪藏。

"二战"之后是漫长的冷战，导致贝叶斯统计学的实用性在很长一段时间内没有为民众所知晓。

值得庆幸的是，随着一些档案被解封，人们开始意识到贝叶斯统计学的威力。如今，贝叶斯的理论正被越来越多研究人员应用于诸多领域，比如人工智能的机器学习、灾难搜救等。

频率学派VS贝叶斯学派

既然提到贝叶斯定理，就不得不提到频率学派（Frequentists）和贝叶斯学派（Bayesians）。

频率学派后来居上。频率学派诞生后，贝叶斯学派几乎被世人遗忘。

虽然贝叶斯学派才复兴二十多年，但是从那时起两个理论派别间从来没有停止过争论。下面举几个频率学派与贝叶斯学派之间思想不一样的地方。

频率学派最重要的就是不断地重复，越多越好，趋近于无限；而贝叶斯学派讲的都是抽样和分布。

频率学派认为抽样是无限的，在无限次抽样当中，对于决策的规则可以很精确；贝叶斯学派则认为世界无时无刻不在改变，未知的变量和事件都有一定的概率，这种概率会随时改变这个世界的状态，后验概率是先验概率的修正。

频率学派认为模型的参数是固定的，一个模型在无数次抽样过后，所有的参数都应该是一样的；而贝叶斯学派则认为数据应该是固定的，规律从我们对这个世界的观察和认识中得来，我们看到的即是真实的、正确的，应该从观测的事物来估计参数。

频率学派认为，任何模型都不存在先验；而先验在贝叶斯学派当中起着重要作用。

频率学派主张的是一种评价范式，它没有先验，更加客观；贝叶斯学派主张的是一种模型方法，通过建立未知参数的模型，在没有观测到样本之前，一切参数都是不确定的，使用观测的样本值来估计参数，得到的参数代入模型使当前模型最佳的拟合观测到的数据。

不管是贝叶斯派还是其他什么学派，使用统计性手法时一定会用到某种模型。关于这些模型，20世纪下半叶的统计学大师乔治·博克斯如是说："从本质来看，任何模型都不是正确的，但其中也有有用的。"

是的，任何模型都不是真值。本来模型就是人们为了某种简单化而创造的，即使想要得知模型的各项条件，但人所能够知晓的范围也是有极限的。考虑到这一点，任何模型都不是真值倒也是个理所当然的答案。

但是，重要的是从这里可以读出"选择模型时，比起是否为真，是否有用才更重要"这个信息。可以说，这是对于21世纪的统计学而言堪称关键的信息。

你真的能看懂化验报告吗

概率，不过是常识的算术表达。但很多人一看数学符号，立刻就变傻了。

基础概率忽略，是人们在进行主观概率判断时倾向于使用当下的具体信息而忽略一般常识的现象。

从统计学的角度上讲，人们容易犯假阳性错误与假阴性错误。

假阳性错误，它的含义是说，你把不具备你所指特征的对象 A 当作具备你所指特征的对象 B 来处理。这个时候你犯的就是假阳性错误。

假设有一个人来看病，他其实没有得什么病，但是医生根据一些高血压的特征，认为他患有高血压，医生就是犯了假阳性错误。再比如，有一个坏人，结果被警察根据一些好人也具有的特征放走了，这个时候犯的就是假阴性错误。

基础概率谬误

统计学里常常会遇见一个"基础概率谬误"（Base-Rate Fallacy）问题。诺贝尔经济学奖获得者卡尼曼曾举过一个例子。

一辆出租车在肇事后跑了，该城市有两家出租车公司，一家是蓝色的，一家是绿色的。现给予以下数据：

①该城市 85％出租车是绿色的，15％是蓝色的。

②目击者证实肇事的出租车是蓝色的，法庭证实目击者在 80％的时间里能正确区分蓝色和绿色，20％的时间里不能区分这两种颜色。

那么，肇事的出租车是蓝色的概率有多大？

对于这个问题，统计学里的贝叶斯公式能给出正确的答案。

首先我们必须考虑蓝绿出租车的基本比例（15∶85）。也就是说，在没有目击证人的情况下，肇事车是蓝色的概率只有15％，这是"A= 蓝车肇事"的先验概率 P（A）= 15%。

现在，有了一位目击者，便改变了事件 A 出现的概率。目击者看到车是"蓝"色的。不过，他的目击能力也要打折扣，只有 80% 的准确率，即也是一个随机事件（记为 B）。我们的问题是要求出在有该目击证人"看到蓝车"的条件下肇事车"真正是蓝色"的概率，即条件概率 P（A|B）。后者应该大于先验概率 15%，因为目击者看到了"蓝车"。如何修正先验概率？为此需要计算 P（B|A）和 P（B）。

因为 A= 车为蓝色，B= 目击蓝色，所以 P（B|A）是在"车为蓝色"的条件下"目击蓝色"的概率，即 P（B|A）= 80%。最后还要算先验概率 P（B），它的计算麻烦一点。P（B）指的是目击证人看到一辆车为蓝色的概率，等于两种情况的概率相加：一种是车为蓝，辨认也正确；另一种是车为绿，错看成蓝。所以：

$$P（B）= 15\% \times 80\% + 85\% \times 20\% = 29\%$$

从贝叶斯公式：

$$\boxed{P(A|B)} = \frac{P(B|A)}{P(B)} \times \boxed{P(A)} = \frac{80\%}{29\%} \times 15\% = 41\%$$

可以算出，在有目击证人情况下，肇事车辆是蓝色的概率为 41%，同时也可求得肇事车辆是绿车的概率为 59%。被修正后的"肇事车辆为蓝色"的条件概率 41% 大于先验概率 15% 很多，但是仍然小于肇事车可能为绿的概率。

如果觉得不太明白，不妨再换一个问题。

假设你将有两种交通工具可以选择：A 汽车，B 飞机。再假设当出事故时：

① 汽车乘客死亡的概率为 20%；

② 飞机乘客死亡的概率为 90%。

问乘坐哪种交通工具更安全?

这次你是不是体会到自己的大脑还是下意识地说坐飞机比较危险？但显然，你知道本书的题目里面大多有陷阱。是的，依然是基础概率谬误问题。

其实在不知道准确基础概率之前我们还很难做出判断的。

这个题目，我们尝试先假设基础概率，然后给大家展示一下应该怎么计算。

这个题目中这隐含了一个前提：这个概率针对的是已经出事故的情况下的死亡概率。要评估我们是否会死亡，还需要知道以下两点：

①两种交通工具出事故的基础概率；

②乘坐了交通工具，交通工具没有出事故自己却死亡的概率（我们将它假定为零）。

现在告诉你：比如，飞机出事的概率是百万分之一，而汽车出事故的概率是十万分之一。

在这样的条件下，我们来计算一下是坐飞机安全还是汽车安全。

现在有100万人，分别乘坐汽车与飞机。

A. 坐汽车：$1000000 \times 1/100000 = 10$ 人会出事故。

B. 坐飞机：$1000000 \times 1/100000 = 1$ 人会出事故。

坐汽车的死亡概率：$10 \times 0.2 = 2$ 人。

坐飞机的死亡概率：$1 \times 0.9 = 0.9$ 人。

那么，你乘坐汽车的死亡概率为 $2/1000000$，而你坐汽车的死亡概率为 $0.9/1000000$。

可见你坐飞机更为安全。而因为经常听说飞机出事故而不去坐飞机的选择是不明智的。

假阳性与假阴性

2004年底，被长春市某医院诊断出卵巢癌后，吉林省某电视台女主持人小美（化名）在该医院医生的建议下切除了子宫、阑尾等，又经过3个疗程的化疗，身心受到巨大伤害。然而第二年7月，北京市三家医院的专家却做出了她非癌的诊断，让27岁的未婚女主持人陷入另一种悲痛之中。

其实，如果小美考虑到自己的这个年龄患上卵巢癌的概率，就会产生质疑。这是一个常识，也是一个基础概率。如果小美理解了这个原理，当时就应该去更权威的机构复查。

如何正确解读从化验室里拿出的报告，需要概率知识。然而，多数情况下，连研究人员也或多或少倾向于强调一些毫无意义的衡量"准确性"的标准，却忽略了基准概率的重要性。如果你知道人们对概率的误解有多深，当被医生宣判"死刑"或者"没事儿"时，心里都不至于慌了神儿或者麻痹大意。

另一个相反的例子来自澳大利亚明星奥莉维亚·纽顿·约翰，她发现自己的乳房有肿块时不过四十出头。通常，她这个年龄段的女性患乳腺癌的风险不过1%。她的乳房X光检测和活体切片检查都呈阴性。她这个年龄段的澳洲女性，只有万分之一的概率患上乳腺癌——同时得到两个假阴性测试结果。然而，奥莉维亚感到身体越来越不舒服，最终复查确诊她患上了乳腺癌。奥莉维亚最终战胜了癌症，并设立了自己的癌症基金会。

这涉及两个概念：假阳性率与假阴性率。

假阳性率：得到了阳性结果，但这个阳性结果是假的，即在真标准判断无病（阴性）人群中，检测出为阳性的概率（没病，但检测结果却说有病），为误诊率。

假阴性率：得到了阴性结果，但这个阴性结果是假的。即在真标准判断有病（阳性）人群中，检测出为阴性的概率（有病，但检测结果却说没病），为漏诊率。

"三门问题"与条件概率

"三门问题"是一个知名的概率问题，这个问题刚好用到"条件概率"。我们一起来看看，条件概率是如何帮助参赛者提高获胜机会的。

蒙提霍尔是一个美国电视节目主持人，他曾主持过一档电视游戏节目，叫作《让我们做个交易》。节目中有三扇关闭的大门，其中一扇门的后边是一辆豪华汽车，另外两扇门的后边各藏着一只山羊。如果参赛者最终选定的门的背后是豪华汽车，参赛者就可以开着豪华汽车回家，如果是山羊，参赛者将空手而归。

节目开始后，蒙提霍尔让参赛者从三扇关闭的门中随便挑选一扇，然后，蒙提霍尔会从剩下的两扇门中打开一扇，门后定会出现一只山羊，因为蒙提霍尔知道豪华汽车藏在哪扇门的后边。此时，蒙提霍尔会给参赛者一个改选的机会，如果你是参赛者，你会改选另一扇门还是坚持最初的选择？

很多人会想：蒙提霍尔知道豪华汽车在哪，我可不知道，所以选哪扇门都一样嘛，改或者不改是一样的。

节目中的参赛者往往也是这么想的,所以他们有的坚持不改,有的摇摆不定之后改选了另一扇门。

这个游戏还包含另一层心理层面的因素,如果参赛者不改变自己最初的选择,即使他们没有得到豪华汽车,也会用"坚持自我"来安慰自己,而如果他们改选另一扇门却落了个空,则会懊恼不已,因为他们把到手的豪华汽车拱手送了出去!看起来,不改变自己最初的选择是对的。

"不忘初心""坚持信念",是多么令人泪目的正能量!

然而,数学不相信眼泪。下面,我们来分析为什么"坚持信念"是错误的。

我们对前提条件做一个简化:我们首先假设主持人也不知道哪扇门后边是豪华汽车,也就是说,在参赛者选择了一扇门后,主持人在剩下的两扇门里随机挑选一扇。

为了方便起见,我们把两只山羊分别记为黑羊和白羊。

在这样的前提条件下,我们把所有可能的情况列出来,一共有6种可能的情况,即6个随机事件(表9–1)。

表9–1 随机事件情况表

随机事件	你初次选择的门	主持人打开的门	剩下的一道门
A	黑羊	白羊	豪华汽车
B	黑羊	豪华汽车	白羊
C	白羊	黑羊	豪华汽车
D	白羊	豪华汽车	黑羊
E	豪华汽车	黑羊	白羊
F	豪华汽车	白羊	黑羊

然而,在实际操作中,电视综艺节目的制片方为了观赏效果和收视率,并不会让主持人真正随机打开一扇门。主持人只会选择黑羊或白羊面前的那扇门,所以,随机事件B和随机事件D是不可能发生的。

明白这一点很关键，假设你第一次选择了黑羊或者白羊，主持人根本没有选择的余地，他必须选择另一只山羊，而留下豪华汽车。这个时候，参赛者应该"忘掉初心"，选择另一扇门，这无疑是明智的。

假设你第一次选择了豪华汽车，主持人一定会留下一只山羊，这时参赛者不应该"不忘初心"。

因此，在下面三种情况下，参赛者会获得豪华汽车。

你选择黑羊主持人选择白羊 > 你改选另一扇门 => 你获得豪华汽车

你选择白羊 > 主持人选择黑羊 > 你改选另一扇门 => 你获得豪华汽车

你选择豪华汽车 > 主持人选择白羊或黑羊你不改变选择 => 你获得豪华汽车

这三种情况包含的一个重要信息是：只要知道参赛者初次选择的门后是什么，就知道了参赛者是否应该改选另一扇门。

下面，我们来计算参赛者第一次选择的三种可能结果出现的概率。

随机事件1：参赛者第一次选择黑羊；

随机事件2：参赛者第一次选择白羊；

随机事件3：参赛者第一次选择豪华汽车。

我们知道，参赛者第一次的选择是完全随机的，因此，只有当随机事件3发生时，参赛者才应该坚持自己的选择，而随机事件3发生的概率只有1/3。

所以，我们得到的结论是：改选另一扇门，有2/3的可能得到豪华汽车；反之，则只有1/3的可能得到豪华汽车。

这个游戏的玄机在于：在你随机选择一扇门之后，主持人为你去掉了一个错误答案。领悟了这其中的奥妙，你赢得游戏的概率就提高了，这就是"条件概率"的神奇之处。

所谓条件概率，是指事件 A 在另外一个事件 B 已经发生条件下的发生概率。条件概率表示为：P（A|B），读作"在 B 的条件下 A 的概率"。条件概率可以用决策树计算。

条件概率的谬论是假设 P（A|B）大致等于 P（B|A）。数学家约翰·艾伦·保罗斯在他的《数学盲》一书中指出，医生、律师以及其他受过很好教育的非统计学家经常会犯这样的错误。这种错误可以通过用实数而不是概率来描述数据的方法来避免。

P（A|B）与 P（B|A）的关系如下所示：

$$P（B|A）=P（A|B）P（B）/P（A）$$

这里有一个虚构的例子，但非常写实，P（A|B）与 P（B|A）的差距可能令人惊讶，同时也相当明显。

若想分辨某些个体是否患有重大疾病，以便早期治疗，我们可能会对一大群人进行检验。虽然其益处明显可见，但同时，检验行为有一个地方引起争议，就是有检出假阳性的结果的可能：若有个未得疾病的人，却在初检时被误检为得病，他可能会感到苦恼烦闷，一直持续到更详细的检测显示他并未得病为止。而且就算在告知他其实是健康人后，也可能因此对他的人生产生负面影响。

这个问题的重要性最适合用条件概率的观点来解释。

假设人群中有 1% 的人罹患此疾病，而其他人是健康的。我们随机选出任一个体，并将患病以 disease、健康以 well 表示：

P（disease）= 1% = 0.01，P（well）= 99% = 0.99。假设检验动作实施在未患病的人身上时，有 1% 的概率其结果为假阳性（阳性以 positive 表示）。意即：

P（positive | well）= 1%，而且 P（negative | well）= 99%。最后，假设

检验动作实施在患病的人身上时，有1%的概率其结果为假阴性（阴性以 negative 表示）。意即：

P（negative | disease）= 1% 且 P（positive | disease）= 99%。现在，由计算可知：

P（negative | well）= 99% 是整群人中健康且测定为阴性者的比率。

P（positive|disease）= 99% 是整群人中得病且测定为阳性者的比率。

P（well）·P（positive|well）=0.99% 是整群人中被测定为假阳性者的比率。

P（disease）·P（negative|disease）=0.01% 是整群人中被测定为假阴性者的比率。

进一步得出：

P（positive）=1.98% 是整群人中被测出为阳性者的比率。

P（disease|positive）= 50% 是某人被测出为阳性时，实际上真的得了病的概率。

这个例子里面，我们很容易可以看出 P（positive|disease）=99% 与 P（disease|positive）=50% 的差距：前者是你得了病，而被检出为阳性的条件概率；后者是你被检出为阳性，而你实际上真得了病的条件概率。

我们在本例中所选的数字，最终结果可能令人难以接受：被测定为阳性者，其中的半数实际上是假阳性。

如何鉴别假阳性和假阴性

关于假阳性和假阴性，我们再用一个虚构的具体案例来阐述。

当阿兰感到左胸痛感时，她决定谨慎对待。作为60多岁的妇女，她每隔两年都会做一次乳房X光检查。如今，她决定再做一次，尽快查明疼痛的原因。X光照完了，阿兰离开医院时心情轻松了些，她觉得自己做了件正确的事。医院的前台服务人员告诉她，一旦有什么问题，会有电话通知。

几天后，医院确实给她打电话了，告知乳腺癌检查结果呈阳性。

阿兰陷入了极度忧虑中，面对这样的结果，谁会不担心呢？只要我们在网上一搜就能知道，乳房X光检查的准确度约为80%。结果似乎很清楚了：阿兰患乳腺癌的概率高达80%。当然，许多医生都会得出这个结论。但他们错了，就连乳房X光呈阳性的结果也很可能错了。这并非指80%这个数字是错误的。它只透露了故事的一部分，而有人从中得出了貌似准确但实际上却很不充分的结论。

概率理论表明，要搞清楚诊断的意义，我们需要三个而不是一个数字。其中两个数字反映了所有诊断测试的一个关键特性：具有潜在的双向误导性。首先，它会错误地检测出事实上可能并不存在的问题，产生所谓的假阳性；其次，测试也可能忽略真实存在的东西，导致假阴性。避免这两个缺点的能力可总结成两个数字：真阳性率和真阴性率，专业术语称作敏感性和特异性。

多年来，专家们试图将这两者融合成一个数字，一些人声称其能代表"准确性"，但这些努力总是存在这样或那样的不足。另外，让它们保持相互独立，能让我们掂量，我们该在多大程度上受诊断结果的影响。

毕竟，医生可以简单直接地告诉某位病人他们得了心脏病。当诊断结果为阳性的概率是100%时，它反映了该病症的真阴性率（特异性）为零。事实上，医生也不会轻率地告诉任何人说他们没有心脏病。只有分别了解两个特性后，诊断结果的真正价值才能衡量。

在乳房X光片检查的案例中，真阳性率和真阴性率都是80%左右。这意味着100名患有乳腺癌的妇女中，乳房X光检查能正确诊断出其中80名患者的疾病；而在100名没有患病的女性中，这项检查能准确断定其中80名女性身体健康。可能这看起来仍然很可靠，但跟我们经常碰到的概率问题一样，确切的措辞极其重要。所谓80%的可靠性，是通过对已知患乳腺癌的妇女进行测试得出的。因此它只能证明，对已知信息的测试是可靠的。但对于像阿兰这样进行常规筛查的女性来说，我们能知道的关于她是否患乳腺癌的判断主要来自该疾病的患病率，这是第三个数字，它对我们理解任何诊断结果都至关重要。

再来看阿兰的例子。首先，我们要知道乳腺癌的形成受诸多因素影响，包括种族背景、遗传基因、年龄等。要理解任何个体的诊断结果，使用恰当的数据至关重要。例如，美国女性一生患乳腺癌的风险约为12%，但这个风险会随年龄的变化而变化。而阿兰这个年龄段的女性，患病率约为5%，这一数字从根本上改变了"乳房X光检查呈阳性结果有80%准确率"的意义。一些简单的数学计算显示，事实上，超过80%的可能，其阳性诊断结果其实是身体发出的假警报。

"准确"诊断结果的真正含义是什么？

X光检查作为乳腺癌的诊断技术，其作用令人印象深刻：它能发现约80%的乳腺癌病例，同时也能确定健康人群中相同比例的人没有患病。但它无法告诉我们阿兰患乳腺癌的概率，即便她的检测结果呈阳性——因为我们不知道她属于哪类群体，是确定患病群体还是未患病群体。

不过，我们可以从她所属年龄段女性的乳腺癌患病率中得到一些启发。统计数据显示，阿兰所在年龄段的女性患乳腺癌的风险约为5%。现在我们来看看原始数据给我们的启发:在阿兰这个年龄段的女性中,每100人中患乳腺癌的人数为5人,没有患乳腺癌的人数为95人。

这5名乳腺癌患者中,检测出的真阳性率约为80%,即4名女性。但至关重要的是,她们并非唯一得到阳性结果的群体。在那些没有患病的女性中,真阴性率为80%,则意味着大多数人将得到正确的未患病诊断结果,但仍有20%的人无法排除患病的可能,这就导致了大量的假阳性病例。

正确的阳性结果数量为:$80\% \times 5 = 4$,不正确的阳性结果数量为:$20\% \times 95 = 19$,因此阳性结果总和为:$4+19=23$。

现在,我们终于可以回答这个关键问题了:阿兰的检测结果呈阳性,她真的患有癌症的概率是多少?乳腺癌患病概率(已知测试结果为阳性)= 真阳性结果人数 / 阳性结果人数 = $4/23 = 17\%$!

因此,尽管阿兰的X光检测结果呈阳性,但她没有患乳腺癌的可能性仍有:$100\% - 17\% = 83\%$。检测结果呈阳性被描述成"80%"的准确率,其真正意义很可能与之截然相反——考虑任何诊断结果的合理性这一点至关重要。

所以,我们应该如何对待阳性的检测结果呢?当然,担心是人之常情。例如,在阿兰的情境中,阳性检测结果表明她患乳腺癌的概率从5%的基准比率提高到了17%。可她也没必要对自己判死刑或感到恐慌,因为她的健康概率仍有83%。

比较合理的反应是进行进一步测试,因为每一次测试结果都会为支持或反对乳腺癌诊断增加证据。阿兰这么做了,果然,她得到了确切的诊断报告:她没有患乳腺癌。

然而,这个办法并非总行得通。概率并不表示确定性,我们永远不要想当然地把两者混为一谈。

第10章
统计学中的黄金定理

1972年夏天,演员安东尼·霍普金斯签下正式合约,同意在根据乔治·费弗小说《来自佩特罗夫卡的女孩》改编的电影《铁幕情天恨》中出演男主角。他前往伦敦,打算购买一本原著,但走遍伦敦各大书店,都没能找到这本书。

无奈之下,霍普金斯只能打道回府。可就在回程途中,当他在莱斯特广场地铁站等候时,看到邻座有一本被遗弃的书,正是《来自佩特罗夫卡的女孩》。

巧合的事情接踵而至。过了一段时日,当霍普金斯有机会见到原著作者费弗时,便将地铁站发生的这桩奇事告诉了对方。

费弗听闻后来了兴趣,他也讲述了一段趣事,1971年11月,他将一本《来自佩特罗夫卡的女孩》借给了一位朋友——那本书是独一无二的,上面有费弗的批注,为了即将出版的美国版,他将英式英语改成了美式英语(如"labour"改成"labor")——但他的朋友在伦敦贝斯沃特把书弄丢了。霍普金斯快速翻了下其捡到那本书中的批注,发现正是费弗朋友弄丢的那本。

你可能会很好奇:发生这种惊人巧合的概率有多大?百万分之一?十亿分之一?无论如何,这实在令人难以置信,仿佛冥冥之中有一股力量。

大数法则

"二战"时候的一个冬夜，德军轰炸莫斯科。有一位教统计学的老教授出现在防空洞里，以前他从不屑于钻防空洞。他的名言是："莫斯科有800万人口，凭什么会偏偏炸到我？"

老教授的出现让大家甚感讶异，问他怎么会改变决心的。

教授说："是这样的，莫斯科有800万人口和一头大象，昨天晚上，他们炸到了大象。"

老教授的滑稽，其实是所有"直觉型统计学家"的写照。

一位数学家调查发现，欧洲各地男婴与女婴的出生比例是22∶21，只有巴黎是25∶24，这极小的差别使他决心去查个究竟。最后发现，当时巴黎的风尚是重女轻男，有些人会丢弃生下的男婴，经过一番修正后，比例变为22∶21。中国的历次人口普查的结果也是22∶21。

人口比例所体现的，就是大数法则（定律）。

大数定律（Law of Large Numbers）又称"大数法则"或"平均法则"。在随机事件的大量重复出现中，往往呈现几乎必然的规律，这类规律就是大数法则。在试验不变的条件下，重复试验多次，随机事件的频率都近似于它的概率。

大数定律反映了这世界的一个基本规律：在一个包含众多个体的大群体中，由于偶然性而产生的个体差异，着眼于一个个个体，是杂乱无章、毫无规律、难以预测的。但由于大数法则的作用，整个群体却能呈现某种稳定的形态。

花瓶是由分子组成，每个分子都不规律地剧烈震动。你可曾见过一只放在桌子上的花瓶突然自己跳起来？

电流是由电子运动形成的，每个电子的行为杂乱而不可预测，但整体看呈现一个稳定的电流强度。

一个封闭容器中的气体，它包含大量的分子，它们各自在每时每刻的位置、速度和方向，都以一种偶然的方式在变化，但容器中的气体仍能保有一个稳定的压力和温度。

某一个人乘飞机遇难的概率不可预料，对于他个人来说，飞机失事具有随机性。但是对每年100万人次所有乘机者而言，这里的100万人次可以理解为100万次的重复试验，其中，总有10人死于飞行事故。那么根据大数法则，乘飞机出事故的概率大约为十万分之一。

这就为保险公司收取保险费提供了理论依据。对个人来说，出险是不确定的，对保险公司来说，众多保单出险的概率是确定的。

根据大数定律，承保的危险单位越多，损失概率的偏差越小；反之，承保的危险单位越少，损失概率的偏差越大。因此，保险公司运用大数法则就可以比较精确地预测危险，合理地厘定保险费率。

大数定律说明样本数量很大的时候，样本均值和真实均值充分接近。这一结论与中心极限定理一起，成为现代概率论、统计学、理论科学和社会科学的基石。

骗术一定要高明才有效吗

你是否收到过这类短信：

请直接把钱打到工商银行卡号6220219……谢文军。

这叫"撞骗"，是一种传统骗术，版本甚多，比如寄中奖信、打中奖电话、发电子邮件。

也就是骗子像没头苍蝇一样乱撞，"有枣没枣打一杆子"，或许能"瞎猫捡个死老鼠"。

是不是觉得骗子很蠢？但骗徒的方法却是合乎科学的，在数理上是被支持的。

只要发出的短信足够多，其成功率非常稳定，合乎大数法则。

福建的某个小镇，众多乡民都从事这个行当，短信群发器在这个偏远小镇非常普及。奇怪的是，当警察抓获了这批乡民后，过了很长时间，居然还有人不断地往查获的卡上汇钱。

有人曾做过统计，类似这种垃圾短信，每发出一万条，上当的人有七到八个，成功率非常稳定。人过一百，形形色色。一万个人里面，总会有几个"人精"，几个笨蛋，这是可以确定的。当然，也肯定会有几个爱恶作剧的人。有人收到这种短信，会忍不住打电话调戏骗子。

究其根源，都是大数法则的作用。在社会、经济领域中，群体中个体的状况千差万别，变化不定。但一些反映群体的平均指标在一定时期内能保持稳定，或呈现规律性的变化。

大数法则是保险公司、赌场、撞骗的骗徒赖以存在的基础。

如果你被骗了，除了报警，还有一种办法可以用来保全财产。那就是尽快拿骗子所发的银行账号登录网上银行，输入密码。当然，输入错误的可能性非常大，三次输错，银行就会锁定该卡。如果骗子还没有来得及把钱划走，你就有望保全财产了。

有量有成交

大数法则不仅是保险精算中确定费率的主要原则，还是推销员的制胜之道。

大数法则用在业务员的人脉管理上，就是结识的人数越多，预期能够带来商业机会的比例越稳定。

比如说，一个推销员给自己定下任务，每年结识300个客户或潜在客户，并把关系维系好。那么，三年后，他就有接近1000个"样本"。

如果100个客户里有3个长期客户，三年后，他就会有30个能给他带来稳定收益的老客户。

欧洲有位大亨，每年都定下目标，要与1000个人交换名片，并与其中的200个人保持联络，与其中的50个人成为朋友。

鸟瞰红尘，人海茫茫中，均匀地分布着你的贵人。

样本越大越稳定

多年前的一个下午，在芝加哥的一间咖啡馆里，特韦斯基和约翰·杜伊教授在悠然地喝着咖啡。特韦斯基貌似无心地问：

有两家医院，在较大的医院每天都有70个婴儿出生，较小的医院每天有20个婴儿出生。众所周知，生男生女的概率为50%。但是，每天的精确比例都在浮动，有时高于50%，有时低于50%。

在一年的时间中，每个医院都记录了超过60%的新生儿是男孩的日子，你认为哪个医院有更多这样的日子？

我们知道，大数法则需要很大的样本数才能发挥作用，基数越大，就越稳定。随着样本的增大，随机变量对平均数的偏离是不断下降的。所以，大医院更稳定。这一基本的统计概念显然与人们的直觉是不符的。

杜伊先生果然钻进圈套，他认为较大的医院有更多超过60%的新生儿是男孩的日子。

再没有一种学问比概率更能让专家洋相百出了，一个整天向学生灌输大数法则的教授，自己居然不相信大数法则！

普通人又能如何呢？

特韦斯基后来对这个问题做了严格的实验。22%的受试者认为较大的医院有更多这样的日子，而56%的受试者认为两个医院有相等的可能性，仅仅22%的受试者正确地认为较小的医院会有更多这样的日子。

抛10000次硬币的实验

1940年春天，南非数学家约翰·克里奇（John Kerrich）前往丹麦首都哥本哈根去看望自己的亲家。走完亲戚后，他打算飞往英格兰。然而，正在此时，德国人以闪电战的形式入侵了丹麦，克里奇也被抓进了集中营。

幸运的是，情况没有想象中那么糟糕，克里奇只是被关在日德兰半岛上一个由丹麦政府管理的集中营里。克里奇还清楚地知道，往后的漫长时光里，自己都无法再进行学术研究了。这对于一位学者来说，不得不说是另一种刑罚。

忽然，他想出了一个极好的点子——不妨做个数学研究，无须太多实验设备，但研究结果可能对大家都有启发。克里奇决定采用最简单的试验方法——抛硬币，根据它落地时的结果，对概率学展开综合性研究。

有道是"下雨天打孩子，闲着也是闲着"，克里奇鼓动三寸不烂之舌，让自己的一位狱友也加入这个乏味的实验，以打发这段失去自由的时光。

统计学的先驱们曾经多次重复过抛硬币实验，克里奇早已通晓先贤们提出的概率学相关知识。现在，他拥有检验这些理论的宝贵时机，即通过大量简单的抛硬币实验，记录真实数据，那么，等到战争结束，再重回研究岗位，克里奇不仅拥有概率学的理论知识，还有检验其可靠性的现实证据。这将是一笔非常宝贵的财富！到那时，他再向学生们教授这一违背人类直觉的概率法则时，解释起来就会更有底气。

许多人可能已经预测到了接下来实验的发展方向。统计学中著名的大数定律告诉我们，随着抛硬币次数的增加，正面朝上和反面朝上的次数会逐渐趋近相等。

克里奇发现，到第 100 次抛硬币时，正面朝上和反面朝上的次数非常接近，分别为 44 次和 56 次。随着抛硬币次数的增加，正面朝上的次数慢慢赶超反面朝上的次数。

等到第 2000 次时，正面朝上超过反面朝上的次数达 26 次。

第 4000 次时，正面朝上超过反面朝上的次数达到了 58 次，而且差距还在进一步拉大。

当抛硬币到第 10000 次时，克里奇终于宣布暂停。此时，硬币正面朝上 5067 次，超过反面朝上次数 134 次。

是实验有问题，还是大数定律出了问题？

都不是。

在克里奇的实验中，随着抛掷次数的增加，反映实验结果的正反面次数差距实际上比之前更大了，但是从整体来看，正反面的出现频率却更接近了。实验结束时，这个频率的误差接近 1%（50.67% 正面朝上，49.33% 反面朝上）。在这场抛硬币实验中，刚开始时，正面朝上的相对频率波动得很厉害，但随着次数逐渐增加，波动的幅度越来越小，逐渐接近 50%。

大数定律真正要告诉我们的是：想理解某事件的发生概率，就不应只关注每个单独案例，而应关注该事件在整体中出现的相对频率。

险些被掩埋的黄金定理

雅各布·贝努利（Jacob Bernoulli）于 1654 年生于瑞士，他没有遵照父亲的意愿去当律师或经商，而是自学成为一名数学家。

雅各布和牛顿生活在同一时代，他有着贝努利家族传统的坏脾气和傲慢的心态，他认为他和牛顿不相上下。

雅各布生活的时代，是一个牛人辈出的时代。例如，约翰·阿布斯诺特（John Arbuthnot），他是皇后安妮的医生，也是皇家学会的会员，同时他还是一位业余数学家。他对概率十分感兴趣，他可以用丰富的病例来阐述他的观点，这也促成了他对概率的兴趣。

雅各布·贝努利出生在瑞士一个竞争过度的数学世家，他是家中长子。这个家族三代人中共走出了8位杰出的数学家，他们为应用数学和物理学奠定了坚实基础。与其他家族亲人之间为钱财争得头破血流不同，贝努利家族的亲人之间经常为了争夺各种理论的发明权闹得不可开交。

雅各布20多岁时就开始涉猎最前沿的概率理论，并对该理论的应用前景十分痴迷。他认为概率论不仅能用于赌博，还能预测寿命。但同时他又认识到，概率论中有一些漏洞需要修补，不仅仅是精确阐述概率的概念。

最早的大数定律表述可以追溯到公元1500年前后的意大利数学家卡丹诺。早在一个世纪之前，意大利数学家卡丹诺就指出了用相对频率描述随机事件的便利性。雅各布决定尽到数学家的义务，努力丰富概率的定义。但是，他很快意识到这项任务比想象中复杂得多，他将面临重大挑战。

如果我们想确定某件事的概率，掌握的数据越多，估算就越准确。那么，我们究竟需要多少数据，才能最终确定地说出我们知道这个事件的概率？

有没有这样一种可能——概率本来就是一个我们永远无法精确了解的

变量呢？

尽管雅各布是他所处时代最有才华的数学家，但依然花了长达20年的时间才解开了概率的谜题。他证实了卡丹诺的猜想，认为相对频率对于理解抛硬币之类的随机事件很有意义。

也就是说，他成功确定了"它最终将趋于平均"这一含糊表述中"它"的真实身份。因此，雅各布确定并证明了大数定律的正确版本，指出了相对频率（而非单个事件）才是大数定律的关注重点。

但故事还远没有结束。雅各布也证实了一个仿佛"不言自明"的事实，即确定概率时，数据越多越好。具体来说，他证明了随着数据的累积，测出的频率与真正的概率差距会越来越小（如果你觉得这不足为奇，那么恭喜你，你已经明白了为什么数学家把雅各布的定理称为弱大数定律；而更令人印象深刻的强大数定律直到一个世纪后才被证明）。

从某种意义上来说，雅各布的理论是对随机事件常识直觉的一种罕见确认。正如他自己曾直截了当地指出，"即便是最愚蠢的人"都知道数据当然是越多越好。但再深入思考一下，雅各布的理论实际上揭示了随机事件存在一个典型的微妙之处：我们永远不能完全确定地"知道"某件事的真正概率。我们能做的就是收集足够多的数据，推测合理的概率，减少不靠谱的概率。

雅各布也意识到自己的证明一点儿也不寻常，因此将其命名为"黄金定理"。他为概率学和统计学奠定了基础，随机产生的原始数据开始呈现可靠的意义。

数学家这种对论证过程的特有偏执帮助雅各布取得了成功，于是他又开始整理思绪。不久以后，他的伟大巨著《猜度术》诞生了。雅各布迫切想知道自己发现的黄金定理实际功效如何，于是开始将其应用于现实问题。而此时，他的定理逐渐失去了一些光彩。

雅各布的定理表明，只要有足够的数据支持，概率就会变得可靠。那么问题来了：多少数据算"足够"？

为了把事情弄清楚，雅各布决定用自己的定理来解决一个简单的问题。假设有一只巨大的罐子，里面放着 2000 颗黑石子和 3000 颗白石子。如果随机取出一个石子，得到白石子的概率是 3000/5000，也就是 60%。但如果我们不知道罐子里面黑白石子的比例，如何求得取出白色石子的概率？我们要取出多少颗石子，才能确信计算概率非常接近真实概率？

雅各布用数学家的典型思维方式指出，在应用黄金定理前，必须先明确两个概念——"非常接近"和"确信"。"非常接近"意味着计算概率的误差小于 5%，甚至小于 1%；而"确信"与否，则取决于我们的计算结果能否在大量数据的检验下，依然维持较小的误差。

也许我们想确信 10 次里有 9 次与真实概率相符（90% 的可信度），或者 100 次中有 99 次与真实概率相符（99% 的可信度），抑或更可靠些。当然，在理想情况下，我们希望有 100% 的可信度。但黄金定理表明，受概率影响的事件中，这种理想的可信度很难达到。

黄金定理似乎抓住了精度和可信度之间的关系，它不仅可用于解决从罐子中随机抓取黑白石子的问题，还适用于其他随机事件。因此，雅各布想解决另一个问题：在不知道罐子里黑白石子数量的情况下，需要取出多少次石子才能 99.9% 地确定两者的比例，并保证计算结果与真实数字之间的误差在 2% 内。

将上述数据代入黄金定理之后，雅各布开始了数学运算，得到的答案令人震惊不已——通过随机取出石子达到预想的可信度和精度，必须抽取超过 25000 次石子，才能有较大把握确定黑白石子的占比。

这不但令人绝望，甚至可以说是个可笑的天文数字。它意味着随机抽样法在衡量相对比例方面作用甚微，即便是只装有几粒石子的罐子，我们也必须重复好几轮，直到抽样超过 25000 次，才能较为准确地确定黑白石子的相对比例。

显然，25000 次的抽样数过于巨大，还不如直接把罐子里的石头倒出来数来得简单。对于雅各布如何看待这种估算结果，历史学界众说纷纭，但大多数人认为雅各布当时十分失望。

有一个确定的事实是，解决这个简单问题后，雅各布又给自己的巨作新增了一些内容，之后便终止了研究。《猜度术》一直没得到学界的重视，直到 1713 年——雅各布去世 8 年后才得以出版。我们不得不怀疑，雅各布对黄金定理的实用价值失去了信心。

显然，雅各布很希望用自己的定理解决更有意思的问题，包括法律争端，特别是那些需要证据、超越正常认知的案件。在给德国杰出数学家戈特弗里德·莱布尼茨的一封信中，雅各布似乎表达了对黄金定理不堪大用的失望。在信中，他承认很难为该定理的应用找到"合适的例子"。

不管真相如何，至少我们知道雅各布的黄金定理在概念层面取得了巨大突破，但要真正用于解决实际问题，还需进一步论证。

在雅各布逝世后，牛顿的至交好友、杰出的法国裔英国籍数学家亚伯拉罕·棣莫弗完成了从理论到实际应用的突破——他用极少的数据就能应用黄金定理。

事实上，该定理真正的问题并不像雅各布以为的那样，存在于定理本身。

雅各布所要求的可信度和精度，在他看来或许十分合理，但对其他人和生活本身而言，他的标准实在过于苛刻。即便用黄金定理的现代版本，要确定符合雅各布要求的黑白石子数量，还是要随机从罐子里抽取7000次石子，才能得到黑白两色石子的相对比例，而7000次依然是个庞大的数字。

奇怪的是，雅各布并没有如大家预料的那样，降低可信度和精度后重新运算。即便是黄金定理的最初形式，也对所需数据量有深刻的影响；如果使用黄金定理的现代版本，这种影响会更为显著。

如果雅各布依然坚持99.9%的可信度，但适当把精度误差从原来的2%放宽至3%，可以将抽样数减少一半以上，降到3000次左右。

或者，坚持误差范围为2%，而把可信度降低到95%，那么抽样会下降到2500次左右，仅为他估算抽样数的10%。如果将两个标准都略微放宽，抽样数会下降到1000次。

虽然我们在可信度和精度方面放宽了标准，但得出的结果显然还远远低于雅各布最初估算的25000次。如果雅各布还活着，也许他依然会拒绝降低标准。但不幸的是，我们可能永远无法得知他的真实想法了。

今天，95%的可信度已经成为许多由数据推动学科的实际参考标准。无论是经济学还是医学，均沿用这一标准。民意调查组织将它与3%的精准度误差相结合，因此民意调查的样本数量标准一般为1000左右。尽管它们的应用范围很广，但我们必须牢记：这些标准是为"实用性"设定的，而非通过"严肃科学求证"得出的结论。

雅各布的黄金定理说明，当我们试图衡量概率的影响时，往往无法达到理想的可信度。因此，我们只能在收集更多证据和降低标准之间进行取舍和妥协。

雅各布教授自己的弟弟约翰数学，约翰和雅各布一样聪明，而且和他的哥哥一样，也是个对名声的追求近乎病态的人。

雅各布和弟弟约翰有一个习惯，就是对一个问题有竞争性地进行研究，并且在媒体中无情地攻击对方。

虽然雅各布发现了大数法则，但由于兄弟俩在科学问题上过于激烈的争论，致使双方家庭也被卷入，以至于雅各布死后，他的《猜度术》手稿被他的遗孀和儿子在外藏匿多年，直到1713年才得以出版，几乎使这部经典著作的价值受到损害。

《猜度术》是雅各布·贝努利一生最有创造力的著作，在这部著作中，他提出了概率论中的"黄金定理"，该定理是"大数法则"的最早形式。

由于"大数法则"的极端重要性，1913年12月彼得堡科学院曾举行庆祝大会，纪念"大数法则"诞生200周年。

《猜度术》是概率论的第一部奠基性著作，所含概率思想具有划时代的重大意义，对概率论做出了决定性的贡献，推进了概率论的进一步发展，因而其出版是概率论成为独立数学分支的标志。

小数法则

大数法则是统计学的基本常识，有人称之为"统计学的灵魂"。大数法则虽然威力无穷，却常常被普通人忽视。

针对人们在思考时常常无视大数法则的现象，特韦斯基提出了"小数法则"的概念。"小数法则"不是什么定律或法则，而是一种常见的心理误区。

用错误的心理学"小数法则"代替正确的概率论大数法则，这是人们赌博心理大增的缘由。

小数法则是一种心理偏差,是人们将小样本中某事件的概率分布看成是总体分布。人们在不确定性的情形下,会抓住问题的某个特征直接推断结果,而不考虑这种特征出现的真实概率以及与特征有关的其他原因。

小数法则是一种直觉思维,在很多情况下,它能帮助人们迅速地抓住问题的本质推断出结果,但有时也会造成严重偏差,特别是会忽视事件的无条件概率和样本大小。

第11章 趋于平庸法则

均值回归这一概念大约出现在19世纪，由达尔文的表兄弟、英国科学家弗朗西斯·高尔顿提出。

高尔顿才华横溢，是现代科学的奠基人之一。他那个年代的科学并不像今天这样有明确的分类，高尔顿在很多领域都取得了非凡的成就，包括统计学、气象学、犯罪学、心理测量学、人类学和遗传学。

高尔顿发现，父母个子高，孩子却未必高；父母个子矮，孩子却未必矮。有些父母都很高大，他们生下的孩子虽然也很高，但往往比父母更接近身高平均值。同样，偏矮的父母生下的孩子身高往往低于平均值，但比父母高。其他遗传特征也有类似情形，似乎有某种生物机制将一代又一代人拉回到平均身高值。

他最初称之为趋于平庸法则（Regression to Mediocrity）。

第11章 趋于平庸法则

均值回归，堪比万有引力的发现

诺贝尔经济学奖得主丹尼尔·卡尼曼对均值回归的评价非常高，他认为回归现象的意义不亚于发现万有引力。

高尔顿的天才就表现在他意识到这种将事物拉回平均水准的力量不过是一种统计选择现象。

不过，与遗传因素相比，随机性的影响力有多大呢？

单凭数据，高尔顿无法找出其中的玄机，因此，他必须把这些数字转变成图表的形式。后来，高尔顿回忆说："我拿出一张白纸，用尺子和笔在上面画出坐标轴，横轴表示孩子的身高，纵轴表示父亲的身高，并标记出对应每个孩子及其父亲身高的那个点。"这样，就能直观地显示均值回归现象了。

根据高尔顿的研究，只要研究对象受到随机性的影响，就会发生回归平均值现象。

虎爸虎妈错了吗

心理学家丹尼尔·卡尼曼（Daniel Kahneman）在2000年赢得了诺贝尔经济学奖，他在具有自传性质的获奖感言中描述了这些概念。他说："在我的研究生涯中最感到满足的发现经历发生在为飞行指导员上课时，我告诉他们表扬比惩罚更有助于技能的培训。在我热情高涨地发表完长篇大论后,台下一位最资深的指导员举手,言简意赅地表态,正增强可能对鸟类还有点用,但压根儿就不适合菜鸟学员。"

卡尼曼说:"很多时候,我会表扬学员思路清晰地完成了一些飞行技巧,可当他们再次尝试时,表现往往比较差。相反,对于那些表现糟糕的学员,我经常会冲他们大吼大叫,而这些学员下一次表现往往会好很多。所以别再跟我们说类似表扬有用,惩罚无效之类的话了,因为事实正好相反。"

均值回归最常见的受害者要数球迷了。他们已经无数次见识到这一概念如何起作用,不过他们往往只觉得其中有些蹊跷,很少去理解究竟发生了什么。随着赛季大幕拉开,一切都如往常一样正常运行,球迷们支持的球队赢得了几场比赛,也输掉一些比赛。接着,球队过了高峰期,表现逐渐下滑。

显然,此时需要采取一些措施——教练必须滚蛋。一连串的失败之后,俱乐部得到消息,把火全部撒在教练身上并将其撤换,这项措施果然奏效:新教练走马上任后采取了新的训练和比赛策略,球队表现逐渐好转。

可没过多久,问题又来了。球队经过一段时间的出色发挥后,成绩又开始下滑。可以说,球队的良好表现维持了不到几个月,就又停滞不前了。于是,更换教练的消息再次传得沸沸扬扬。

哪怕是对足球一窍不通的人,也会觉得这一幕听起来很熟悉。因为类似现象在任何领域都会发生,比如成绩排名忽好忽坏的学校和价格忽上忽下的股票。均值回归的基本理念很容易理解。一支球队、一所学校或一只股票的表现是一系列因素综合影响的结果。有些因素很明显,有些则不那么明显，但它们都会对该事件的"平均表现"产生影响。

然而，在任何既定情况下，事情的实际表现都不可能完全与平均水平相同。它通常会由于一些随机因素的影响，表现得高于或低于平均水平。这其中的差距可能非常大，而且会持续比较长的时间，但最终其积极和消极影响会消退，表现为"回归"平均水平。

麻烦在于，均值回归在某些极端情况下会对人们产生较强的震撼感。因为极端情况下的表现通常最不具有代表性。如果基于极端情况做出决策，很容易沦为均值回归的牺牲品。均值回归最残酷的一面在于，它能让你做出的糟糕决策看上去像是明智之举。

前文球队的例子中，有"足够证据"显示球队的表现不佳，于是教练被更换，新教练很可能会因为球队表现逐渐好转而获得好评。然而，球队水平提高很可能只是均值回归。球队前段时间很可能因为某些随机因素而表现不佳，上一任教练因此丢掉饭碗。新教练到岗时，球队恰好逐渐恢复状态，又回归其平均水平。

某些球员可能会在新教练的领导下脱颖而出。他们很可能有一点走运，正在恢复乃至超过正常水平，这与新教练的上任时间相吻合。但随后，一切又将呈现均值回归状态——随着时间流逝，他们会慢慢表现平平。接着，人们对球队迅速提高的那份狂喜退却。当然，有时球队确实会因为教练的领导无方而表现不佳。

即便如此，统计学家和经济学家通过研究实际数据发现，更换教练的确会因为均值回归而暂时影响球队表现，但很少对球队的总体表现产生长远影响。

了解均值回归后，你会发现这种现象无处不在。因为我们总是关注极端情况。

均值回归还能用于提升员工表现。

许多虎爸虎妈坚信，恐惧是最好的激励因素，他们声称已经有确凿的证据来证明这一点。每当孩子成绩表现不佳时，就训斥一顿，果然表现有所好转。一名虎爸理直气壮地说："别跟我提什么快乐教育，简直一派胡言，小孩子就是要严格管教才行。"

的确，考试成绩似乎也证明了这一点，然而，如果你承认人的脑力和体育比赛中的运动员体能一样，会有高峰和低谷，那么均值回归也会产生影响。问题是，自以为是的虎爸虎妈们并不想知道这些概率学知识。他们自认为的那些"极具说服力的"证据，只不过是一种统计学效应。这可能也是均值回归鲜为人知的一大原因。

均值回归效应也会影响疾病的治疗——严重程度会随时间推移而变化。

医疗治愈和自然痊愈的病例容易混淆。当病人情况出现恶化时，医生会对其进行治疗，病情随着时间的推移出现起伏，最终病情会治愈。人类有很多疾病可以在不接受治疗的情况下也能康复。很多庸医和假药就是抓住了这一点，趁机行骗。他们会等到病人症状十分严重时才开药。等到病人情况好转，庸医就会宣称这是奇药的疗效。

正因如此，随机对照试验才显得格外重要。这类试验会安排两组人数相同的病人。其中一组服用受测药物，另一组服用安慰剂或者不接受任何治疗，病人和研究者都不知道究竟是哪一组服用受测药物，哪一组服用安慰剂。如果症状减轻纯粹是因为均值回归效应，与治疗无关，那么这两组病人的恢复率就应该相同。

均值回归具有误导性，使某件事理应发生，但我们会做出不同的解释。

大样本随机双盲实验的必要性

在探寻新疗法的过程中，医学研究人员一旦碰到均值回归现象，往往会误以为自己找到一种奇特的疗法。因为寻找治疗办法本身会要求把注意力放在状态异常的患者身上，比如血压特别高的患者。

有时，这些非正常状态不过是正常状态的随机偏离。随着时间的流逝，异常状态会逐渐消失。这对测试新药的研究人员来说无疑是一种挑战，有时参与测试的患者身体状况只是随时间恢复到平均水平，但研究人员往往会误以为新药产生了疗效。

为了避免落入均值回归的陷阱，医学研究人员采取了所谓随机对照试验，把病人随机分成两组，一组服用药物，另一种服用无害的安慰剂，从而实现对变量的"控制"。两组测试者都有可能出现均值回归现象，因此其影响可以抵消。

不幸的是，在现实生活中，当有朋友向我们推荐一款治疗背痛的药物后，因为缺乏对比，我们很难确定是药物起了作用，还是身体自动恢复到了正常水平。一些医生指出，很多时候病人以为是因为自己换了治疗方案后才痊愈，实际上是他们的身体状况在向均数回归。

懂得了均值回归现象，我们至少可以避免落入白欺欺人的陷阱。比如，在选择投资项目时，我们需要警惕金融专家强烈推荐的所谓潜力股。他们只是基于股票的非常态表现、博眼球的一时飙升进行分析，这些非常态正是滋生均值回归现象的沃土。

热手效应和赌徒谬误

"热手效应"(Hot-hand Effect),来源于篮球运动,是指比赛时如果某队员连续命中,其他队员一般相信他"手感好",下次进攻时还会选择他来投篮,可他并不一定能投进。仅凭一时的直觉,缺乏必要的分析判断就采取措施,就叫作"热手效应"。

在体育竞赛和包含概率的游戏中,所谓"热手"的信条正逐渐成为一种常见的迷信习惯,即连续命中的球员在接下去的比赛中更可能获得成功——因为这样的球员正处于"最佳状态"。你会觉得这在一定程度上是有道理的。我们都有过"不在状态"(或许是身体不舒服)的时候,也理应有"状态正佳"的时候。如果某天恰好手感火热,自然就能得更多分。热手信念并不局限于此:它认为一系列的成功会提升继续得分的概率,甚至连掷骰子这样极为随机的把戏也不例外。而如果回顾选手过去的表现,情况会更加复杂,因为我们会发现其有时候表现胜过平均水准,有时候则低于平均水准。这就是"平均"的意思:时而好,时而坏。而热手信念认为如果选手状态正佳,那么其继续得分的概率就要大于个人平均值,即便比赛是完全随机的,也不例外,仅凭借过去的成功就能改变未来成功的概率。

可以说,热手信念是一种非常执着的信念,甚至能左右比赛。在篮球比赛中,球员往往会将球传给他们认为手感正热的队友,相信已经连续将球命中的队友下一次更有可能得分。这让比赛变得更为复杂。相信炙手可热一说改变了场上球员的行为,从而可能改变得分的概率。接球的球员无疑有更多得分机会,即使其投篮命中率没有变化。如果出手机会的增加成功转化为得分，就会让球员更加笃信"热手效应"。

在轮盘游戏中，赌徒往往认定其中的红黑两色会交替出现，如果之前红色出现过多，下次更可能出现黑色。可是，直觉未必是靠得住的。事实上，第一次投篮和第二次投篮是否命中没有任何联系，转动一回轮盘，红色和黑色出现的机会也总是50%，这种现象就叫作"赌徒谬误"。

就像受"热手效应"误导的球迷或受"赌徒谬误"左右的赌徒，投资者预测股价也容易受到之前价格信息的影响，用直觉代替理性分析，产生所谓的"启发式心理"。举个例子，一家制药公司的股价长期上扬，在初期，投资者心态可能表现出"热手效应"，认为股价的走势会持续，"买涨不买跌"；可一旦股价一直高位上扬，投资者又担心上涨空间越来越小，价格走势会"反转"，所以卖出的倾向增强，产生"赌徒谬误"。"热手效应"与"赌徒谬误"都来自人们的认知偏差——认为一系列事件的结果都在某种程度上隐含了自相关的关系。

正态分布，混乱世界的神明

钟形曲线，也称为正态分布（Normal Distribution）、常态分布、高斯分布。

正态分布概念是由德国的数学家棣莫弗（de Moivre）于1733年首次提出的，但由于德国数学家高斯率先将其应用于天文研究，故正态分布又叫高斯分布。事实上法国数学家拉普拉斯对此也有贡献，拉普拉斯从中心极限定理的角度给予解释。所以，在法国它被称为拉普拉斯分布；高斯是德国人，所以在德国叫作高斯分布；后来法国的大数学家庞加莱建议改用正态分布这一中立名称。

为了纪念数学家高斯的伟大成就，德国 10 马克的纸钞上印有高斯的头像，同时还印有正态分布的密度曲线。

据说，高斯去世前要求给自己的墓碑上雕刻正十七边形，以展现他在正十七边形尺规作图上的杰出工作。但后世德国货币上却是以正态密度曲线来纪念高斯，足见正态分布在现代科学中的重要性。

正态分布是数学史上最重要的曲线之一，这条曲线作为普适性的伟大典范，在许多理论和实验中一次又一次出现，这对数学家来说是弥足珍贵的。

19 世纪末，英国维多利亚时期著名学者弗朗西斯·高尔顿（Francis Gallon）在统计学及其他很多领域都取得了重大突破，对于正态分布（他称之为"误差频率法则"），他的理解是："就我所知，没有什么比误差频率法则更能精准展现美妙宇宙秩序的了，让人大开眼界。古希腊人若知道这一法则，必然会将其拟人化，奉为神明。在这混沌乱世中，唯有它始终处乱不惊，掌控全局。事物越混乱，就越能彰显它的威力。它是非理性世界的最高律法。无论事物有多混乱，只需要依照大小顺序排列，就会发现其背后一直隐藏着不为人知的、世间最美的规律性。"

自然界中存在大量的正态分布，比如人的身高、智商、寿命。

统计学家高尔顿曾设计高尔顿钉板来展示正态分布的形成过程：

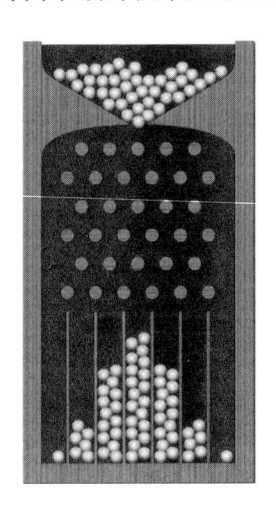

如上图所示，木板上订了 n 排等距排列的钉子，下一排的每个钉子恰好在上一排两个相邻钉子中间，从入口中处放入若干直径略小于钉子间距的小球，小球在下落过程中碰到任何钉子后，都将以 0.5 的概率滚向左边或右边。如此反复地继续下去，直到小球下落到底板的格子里为止。试验表明，只要小球足够多，它们在底板堆成的形状将近似于一个钟形的高斯曲线。

为什么这儿出现了一个钟形曲线呢？这与古典概率论中最重要的"中心极限定理"有关。

中心极限定理

只需对鸡肉加工厂生产的 100 块鸡肉进行沙门氏菌检测，就能得知这家工厂的所有肉类产品是否安全。

只需对 1000 名选民进行调查，就能预测美国大选的结果。

这种"一叶知秋"的强大信心，其数理支持从哪里来？

这背后的秘密武器就是中心极限定理（Central Limit Theorems），它是指概率论中讨论随机变量序列部分和分布渐近于正态分布的一系列定理。

请注意，中心极限定理不是一个定理，而是一系列定理，它们分别适用于不同条件。

但基本可以用一句话来概括它们：大量相互独立的随机变量，其求和后的平均值以正态分布为极限。

尽管大数定律揭示了大量随机变量的平均结果，但没有涉及随机变量分布的问题。而中心极限定理说明的是在一定条件下，大量独立随机变量的平均数是以正态分布为极限的。

以掷 100 次硬币为例，全部出现正面就只有一种情形，而出现 99 次正面和 1 次反面的情况有 100 种（可能第 1 次就出现反面，或者第 2 次，或者第 3 次，或者……）根据计算，抛 100 次硬币出现 98 次正面和 2 次反面的情形达到 4950 种，出现 97 次正面和 3 次反面的情形达到 161700 种，到 50 次正面和 50 次反面，这样的情形约为 1029 种。由此可见，正面和反面出现次数大致接近的概率远远超过其他组合。换言之，正面朝上的比例极可能无限接近于 0.5，也就是 1 和 0 的平均值。

高尔顿钉板实验显示的"钟形曲线"便可以用中心极限定理来解释。考虑钉板中的某一个小球下落的过程：小球在下落过程中碰到 n 个钉子上，每次都等效于一次"抛硬币"类型的随机变量。

也就是说，一个小球从顶部到底部的过程，等效于 n 次抛硬币之和。n 个钉子中的每个钉子，将小球以同等的概率弹向左边或右边，小球最后到达的位置，是这 n 个"左/右"随机变量相加后的平均位置。

显然，小球聚集在中心处的最多，也就是这个小球落在平均值的概率最大。越是偏离中心处的小球的数目越少，不同位置的小球数便形成了一个"分布"，中心极限定理则是从数学上证明了这个分布的极限是正态分布。

中心极限定理最早由法国数学家棣莫弗在 1718 年提出。他为解决朋友提出的一个赌博问题而去认真研究二项分布（每次试验只有"是/非"两种可能的结果，且两种结果发生与否互相对立）。

棣莫弗发现：当实验次数增大时，二项分布（成功概率 p=0.5）趋近于一个看起来呈钟形的曲线。

后来，著名法国数学家拉普拉斯对此做了更详细的研究，并证明了 p 不等于 0.5 时二项分布的极限也是高斯分布。之后，人们将此称为棣莫弗—拉普拉斯中心极限定理。

第12章
时间折扣

有一次，一位经理代表公司与一个很难缠的人谈判。

多次交涉，经理坚持最多十万元摆平此事。

对方不同意，无论如何都坚持至少要十一万元。

对方已经吃定了经理，他知道就算是十五万元，经理也别无选择。

时间一天天过去，对方稳坐钓鱼台。而经理的时间却越来越紧迫。于是，经理和对方约定再面谈一次。

这次，经理带了十万元现金，摆在对方面前："看到了吗，这是十万元钱，如果您签字，现在就能拿到。如果您不签字，我们就继续耗着，最后两败俱伤。"

对方迟疑了几秒，痛快签字。

人类对近在眼前的诱惑，总是难以把持！

狙公戏猴与时间价值

狙公养了群猴子。

狙公给猴子提出一种伙食方案：早上三个橡实，晚上四个橡实。猴子们气愤填膺。

狙公又提出另一种方案来安抚众猴：早上四个橡实，晚上三个橡实。这下猴子满意了。

世人都说猴子傻得可以，但萨缪尔森不同意。

按照经济理论，猴子还是很聪明的。为了便于说明这个道理，我们把"狙公戏猴"的故事进行改编升级。

阿杜是一位包工头，领了一群乡亲打工。

阿杜对工人们说："你们每人每月的工资3000元。但为了防止你们乱花钱，每人每月只能从中领200元作为生活费。余下的钱我替你们保管，年底一次性发给你们，开开心心回家过年。"

一个叫傻根的愣头青不干了："傻根虽傻，但也知道那2800元存在银行是有利息的，让你保管，还不如让银行保管。"

阿杜呵斥："每次一领到工资你就去赌博，还去洗头房按摩，这样能攒住钱吗？不想干现在就滚！"

最后，阿杜还是做了让步，每个工人每月可以领300元，余下2700元由他保存。

阿杜把这些钱拿去炒股票，正好赶上一个大牛市，蒙着眼买股票都能赚钱，阿杜当然猛赚了一笔。

金钱是具有时间价值的，简单地说就是：今天的 100 元钱要多于明天的 100 元钱。

比如，一年期定期存款的利率为 5%，那么把 100 块钱存入银行，明年就变成 105 元，这 5 元就是货币的时间价值。

今天的 100 块钱到明天可能就不仅仅是 100 块钱了，这就是货币的时间价值在起作用。

金钱具有时间价值，人们要为自己的超前消费付出相应的代价。

效用贴现

先介绍一个概念：贴现。

贴现是一种票据转让方式，是指客户（持票人）在急需要资金时，将其持有的商业汇票，经过背书卖给银行，以便提前取得现款。银行从票面金额中扣除贴现利息后，将余款支付给申请贴现人。

经济学中的贴现，不仅仅用于金钱，还用于"效用"。吃橡实就是一种效用，对猴子而言，第二种方案确实更好。

效用贴现：如果时间有价值的话，人们对未来的"收益"将大打折扣，同样数目的"收益"，现在拥有比未来拥有合算。也就是说，当下的满足要比将来的满足更有价值。效用贴现是传统经济学的基本假设之一。

传统经济学崇尚理性，即趋向利益最大化的行为才是理性的行为。

所以，从传统经济学角度来讲，寓言里的猴子是很聪明的，它们对伙食方案进行贴现，最后选择最高贴现值的方案（当然，如果将这个方案生效的时间改为晚上，又另当别论）。

贴现率

贴现率（Discount Rate）原是用未到期的票据向银行融通资金时，银行扣取自贴现日至到期日之间的利息率，经济学家将贴现率用来衡量未来收入和支出折算成现值的一个桥梁。

贴现率这个概念，解决了未来经济活动在今天如何评价的问题。

贴现率为正值，则未来的 1 万元无论是损失还是收益，都没有现在的 1 万元重要；而且时间隔得越长，未来的 1 万元价值越低。

> 小贴士：72 法则
>
> 在利率给定的情况下，一笔投资需要多长时间才能翻倍？
>
> 所谓"72 法则"，就是以 1% 的复利来计息，经过 72 年以后，本金就会变成原来的一倍。
>
> 这个法则能以一推十，例如，利用年报酬率为 6% 的投资工具，经过约 12 年（72/6=12）本金就变成一倍；利用报酬率 8% 的投资工具，仅需 9 年左右的时间就会让 1 万元钱变成 2 万元钱。

如果将一笔钱存银行所得的收益作为机会成本，那么今天投资 10 万元的项目，将来即使能收回 20 万元，也不能证明此项投资一定合理。

假设银行利率是3%，10万元存在银行，24年就能滚到20万元。所以，30年后回收20万元的投资与存银行得利息相比不值得去做。

意志力的崩溃

贴现在理论上是一种理性行为，但是过犹不及，过度贴现是一种愚蠢的行为。

行为经济学家马修·拉宾（Matthew Rabin）曾描述了一个有关人与金钱之间存在的有趣的"反常现象"，即当人们在收到金钱收入之前，都能相当理性地做出储蓄规划，可当收入真到手之后，人们的意志却崩溃了，钱往往会立即被花掉，拉宾称这一现象为"夸张贴现"。这说明意志力的缺乏也是人们在经济实践中选择非理性行为的原因之一。

小美发誓要减肥，小明发誓要存钱。小美见到美食，安慰自己，不吃饱怎么有力气减肥啊；小明见到一辆汽车，安慰自己，人生得意须尽欢，买辆车可以提升自己的社交质量，说不定还能带来好机遇。一年后，小美体重还增加了几斤，小明还在原来的社交圈子里打转，收入基本未变，还要每月还银行车贷。

传统经济学假设的人具有无限意志。但是，面对诱惑时，一些人就开始自我欺骗，意志土崩瓦解。

而现实生活中的决策人受有限理性、有限意志、有限自利和有限信息等的制约，往往无法达到效益（货币收益）的最大化，而更多地努力实现自我满足最大化。

> 小贴士：金钱不等式
>
> 失去的 100 元 > 得到的 100 元
>
> 挣到的 100 元 > 白得的 100 元
>
> 今天的 100 元 > 明天的 100 元

信用卡危机

台湾纪实片《水蜜桃阿嬷》讲的是一个与"卡奴"有关的故事。故事很凄惨：水蜜桃阿嬷的儿媳妇因为欠了 200 万台币的卡债，烧炭自杀了。隔没多久，儿子承受不了，也烧炭往生了。这位淳朴的乡下老妇怎么也理解不了，人怎么会这样随便就死了呢？

"卡奴"问题，是"夸张贴现"所导致的一种可怕社会现象。

由于人的意志有限，加之"心理账户"的原因，信用卡金额很容易被"贬值"，因为在买东西的时候，自己似乎毫无损失，至少心理上很容易有这种感觉。

麻省理工学院市场营销学教授普瑞雷克（Prelec）和邓肯·辛斯特（Duncan Simester）曾经做过一个实验。

用密封拍卖的方式，拍卖 NBA 波士顿塞尔特人队比赛的门票。

把参加竞买的人分成两组，其中一组中标者必须用现金付款，一天内就得交钱，另一组则可以用信用卡付账。

普瑞雷克和辛斯特把现金组和信用卡组出的价分别统计并加以平均，居然发现信用卡组出的价大约是现金组的两倍。

用信用卡付账，使你的钱似乎成为不值钱的钱，结果花起来毫无节制。

一些人拥有信用卡后都变成了冲动型消费者，心理账户导致持卡人花钱漫不经心，有限意志导致持卡人及时行乐，结果变得更为拮据。

"卡奴"本是台湾的社会现象，现在大陆也出现了。近年来，中国各银行也展开了信用卡"大跃进"，且美其名曰"抢占市场份额"。不少银行为了赚钱，想出各种昏招鼓励客户刷卡。于是，不少持卡人都背负了超出自己偿还能力的债务。

如今"卡奴"现象也正在成为一个日益突出的社会问题。

"远水"与"近渴"

《旧约·创世记》记载，以扫与雅各是孪生弟兄，以扫先出生。按照人伦常情，长子为贵，以扫理当继承父业。对此，雅各非常担心。机会终于来了。一天，以扫打猎回来，又饥又渴，于是对雅各说："我累昏了，求你把红豆汤给我喝。"雅各便以一碗红豆汤与以扫交换长子的名分，以扫居然同意了。

红豆汤的价值与长子名分的价值天壤之别，几乎没有可比性，又怎能交易？

为什么以扫对红豆汤看得比长子名分更重?在他心目中,长子名分不过是空头支票罢了,将来如何,谁知道呢?

那时他们在迦南不过是寄居的,一无所有。既然他们是寄人篱下,那么所谓长子的名分(得双份产业),在他看来是很渺茫的,而红豆汤却摆在面前;所以,以扫贪恋眼前,选择了红豆汤。

美国的国土面积排名世界第四。美国从13个州开基,直到1959年在夏威夷建立第50个州为止,疆土扩大10倍,大部分通过"购地"而得。

美国独立后,法国在北美仍有很大势力,据有密西西比河流域西半部的"路易斯安那地区",面积比当时的美国大一倍半。

当时拿破仑正在征战欧洲各国,与西班牙交恶,无暇顾及北美殖民地,所以,美国一提出要买新奥尔良,法国皇帝拿破仑竟要美国买下全部路易斯安那地区。路易斯安那地区与西班牙统治下的墨西哥交界,与其被西班牙占去,倒不如及早卖给美国,还能捞一大笔钱作为军费。

1803年美国、法国签订"路易斯安那购地条款",法国以27267622美元将该地卖给美国,每平方公里地价为12.7美元,是世界上有史以来最大的一笔土地交易。

美国买进阿拉斯加每平方公里只花了4.8美元,每英亩只要2美分,堪称世界上最便宜的一宗土地交易。阿拉斯加远离美国本土,面积为151.9万平方公里。该地区天寒地冻,为爱斯基摩人的居住地。

俄国与土耳其作战,1856年战败,无力顾及阿拉斯加。国库亏空,俄国到处挖财源,想到了阿拉斯加。沙皇认为该地油水不大,甚至有些年还要贴钱,不如卖掉。

如果没有明天,你现在会怎样

假如这个星球在10天后就要毁灭,你将会怎样安排余生?

让我们再向积极的方向思考,把"社会贴现率"降低一些。假如科技进步了,很容易就可以将你的寿命延长到150岁,你还会继续从事现在的职业吗?你会不会考虑再学点什么?你会和现在的配偶离婚吗?你会不会更积极地筹划自己的人生?

不仅货币具有时间价值,社会行为也具有时间价值。

声誉有时间价值,张爱玲呼吁:成名要趁早。

感情有时间价值,民谚早总结:衣不如新,人不如旧。

某地产商曾有妙喻,时间决定一件事情的性质:赵四小姐16岁去大帅府找张学良,她去1年,是作风问题;去3年,是瞎搅和;一去30年,那就是爱情。

社会学家将适用于经济活动的贴现率推广到一般社会活动,得出社会贴现率(Social Discount Rate)这个概念。

在经济学中,贴现率是一个中性概念,它的高低是由市场上对货币的供需形势及中央银行的货币政策决定的,无所谓好坏。社会贴现率则是一个带有负面色彩的概念,它与人对未来的信心成反比。

社会贴现率越高,现在越是重要,越会出现"短期行为",也就是"及时行乐"。

如果你为未来投资的100元钱注定是空梦一场,那你把这100元花了买醉,也未必不是一种理性。

社会贴现率高,是人们对未来失去信心,责任、操守、道义水准就会恶化。

社会贴现率上升是一个危险信号,它导致社会的不稳定,人与人的联系减弱,机会主义泛滥。

时局是否动荡、剩余寿命、通胀指数等,都会影响到社会贴现率。

先吃好葡萄,还是坏葡萄

跨期抉择,是指针对不同时间段,对"成本—收益"进行的权衡。

方鸿渐想起在伦敦上道德哲学课,那位山羊胡子的哲学家讲的话:"天下只有两种人。譬如一串葡萄到手,一种人挑最好的先吃,另一种人把最好的留在后面吃。照例第一种人应该乐观,因为他每吃一颗都是吃剩下的葡萄里最好的。第二种人应该悲观。因为他每吃一颗都是吃剩的葡萄里最坏的。不过事实上适得其反,缘故是第二种人还有希望,第一种人只有回忆。"

——钱钟书《围城》

先吃哪一种葡萄,吃橡实朝三暮四还是朝四暮三,都是跨期抉择问题。

享受当下与享受未来

现实生活中,人们一般都是"正时间偏好"。也就是说,人们认为当下的快乐要比将来的快乐有价值。

小明预订了一款本田雅阁，3个月后才能提车。经销商告诉他，提现车也不是不可以，但是要加价3000元。

想着下周就可以开车出去兜风了，小明居然同意了，小明也是具有正时间偏好的人。

小明在小美生日那天说，下周送她一款Nokia新款手机。同样一款手机，可小美觉得，一周以后送来的手机的价值和生日那天送的价值不一样，小美就是具有正时间偏好率的人。

"正时间偏好"合乎理性。经济学家观察到，人们的确给当下某物赋予的价值要比给未来"同样"的东西赋予的价值高。

1891年，巴维克在他的《资本实证论》中解释，因为我们对未来缺乏耐心。相对未来而言，现在总要占据更多优势，现在可以被我们直接感知，而未来却需要我们去想象，天知道未来会是什么样子。

传统贴现效用理论

如何解释人的跨期抉择？大约在1937年，萨缪尔森给出了一个贴现效用模型（The Discounted Utility Model）。

不懂这个模型，丝毫无碍完整的人生。姑且省去烦琐的公式，把萨缪尔森的观点进行归纳如下。

①在各个时段，贴现率是恒定不变的。

②正的时间偏好,递减的边际效用。人们愿意将消费分散到各个时期,而不是集中在一个时期。人们更乐意在30分钟内慢慢吃掉一串葡萄,而不是1分钟全干掉。

③在时段跨越中做抉择时,决策者会将新的备选计划和现有计划结合起来考虑。

④不同时段的效用是独立的。

⑤在跨期抉择中,任意时段的效用不受其他时段状况的影响。昨天吃的是豆包,明天将要吃花卷,但这两样都不会影响今天你对馒头的胃口。

⑥假定一个人在任意时段对某一活动所产生的偏好都是一样的。

至今,大部分经济学家都在使用这个模型。对于行为经济学家来说,这一模型能够得到广泛运用是令人费解的一件事,因为就连萨缪尔森本人也对这一模型的规范性和描述性持有鲜明的保留态度。

"朝四暮三" VS "倒吃甘蔗"

按照传统贴现效用理论,人们应该拥有正的时间偏好。

也就是说,如果时间有价值的话,理性人应该尽可能地在现在享受好东西,比如成果、胜利、效用、收益、利润、奢侈等,而尽可能地推迟到未来去承受坏的东西,比如苦难、悲伤、支出、成本、失败和拮据等。

人应该像寓言里的猴子一样,先享用更多的橡实,或者先吃大葡萄。

现实中,很多人刚好和理论的预测相反:情愿从差的起点开始,克服一下,"倒吃甘蔗,渐至佳境",而不是先来好的,然后慢慢变坏。

至此,我们看出来了,传统的效用贴现理论是有问题的!

鲁文斯坦的新贴现理论

行为经济学经历了两个发展阶段：第一阶段是"造反"，行为经济学家直指完全理性假设，代表人物是卡尼曼、泰勒等人。第二阶段是"媾和"，传统经济学"招安"行为经济学，行为经济学也积极向传统经济学靠拢，对传统经济学理论做一些修修补补，代表人物是马修·拉宾、乔治·鲁文斯坦等。

新贴现理论就是"媾和"的产物。

鲁文斯坦是卡内基梅隆大学的社会和决策科学系的讲席教授，和泰勒一样都是耶鲁大学经济系的博士。

鲁文斯坦对效用贴现模型进行修正，数学论证统统省略，现将鲁文斯坦的观点归纳如下：

①收益和损失的贴现率不一致；

②决策取决于人的先前的期望；

③景气指数与投资储蓄：经济不景气时，人们会减少投资和储蓄。

未来损益贴现率

你最近表现不错，老板说要发你奖金。

A. 今天就领奖金，可领10000块。

B. 如果一年后领，可领奖 15000 元。

你选 _____

鲁文斯坦通过实验证明：今天拿 100 块的价值相当于一年后拿 158 块，而今天损失 100 块的价值相当于一年后损失 133 块。

远期损失、收益的贴现率不一致：

远期的"收益"比较不值钱，贴现率更高。

远期的"损失"更为值钱，贴现率更低。

然而有人对"损失"的贴现率为负：他们宁可今天损失 100 块而不是未来损失 90 块。

抉择取决于人先前的期望

小明和小刚各自预订了一辆拉风牌汽车。小明的两个月后可以提车，小刚的 4 个月后可提车。

两个月后，经销商分别联系他俩，告诉他们现在有两种选择。

A. 马上可以提车。

B. 再等两个月提车，免费给他们的汽车加个电动按摩座椅。

请问谁更有可能等待？

答案是小刚更有可能等。

小明的选项是：

A. 马上到手一辆汽车；

B. 两个月后到手一辆更好的汽车。

选项 A 是小明的现状和参照点（reference point）。损失规避会让他保留选项 A，否则他会很痛苦。同时对未来好处的贴现让选项 B 不那么吸引人。总体作用偏向选项 A，所以小明更有可能选 A。

小刚的选项是：

A. 马上到手一辆汽车；

B. 两个月后到手一辆更好的汽车。

选项 B 成了小刚的现状和参考点（他本来就要再等两个月），损失规避会让他害怕放弃选项 B，但是对未来收益的贴现让选项 B 不那么吸引人。综合来算，总效果没有像小明那么强，所以小刚更有可能选择等待。

景气指数与投资储蓄

特韦斯基、卡尼曼以及泰勒，这三位更多的是关注微观经济行为。而鲁文斯坦用他的理论解释了行为学对宏观经济周期中经济行为的影响，特别是对投资和储蓄的影响。

鲁文斯坦认为，让投资者和消费者在不景气时期进行投资和储蓄是一个很困难的决定。因为不景气时期消费者对投资和储蓄带来的（未来）收益打折比较狠（意味着需要很高的收益率才能吸引他们去投资和储蓄），同时不景气时人们把从降低的收入里拿出钱来投资和储蓄当成（今天的）损失，这样的情况更是要避免。

因此，在经济不景气的时候，和传统经济学预测相比，投资者更会减少投资，消费者会加倍减少储蓄。但是市道好时，特别是发了奖金时，消费者反而会更高比例地增加储蓄。

操不同语言者的储蓄观念

耶鲁大学的行为经济学家基思·陈发现，说英语的人的储蓄观念不如说汉语的人，他们更可能会在退休后变穷。

如果你说英语，那么与说普通话的人相比，你不太愿意为退休储蓄。

陈教授根据语言中的时间概念，将世界语言分成两组：强未来时间参照和弱未来时间参照。

所谓强未来时间参照，指的是说到未来时需要使用不同的时态。陈教授举例说，"因为要参加研讨会，所以今天晚些时候不能出席会议"，用汉语则是"我去听讲座"，没有时间参照。

强未来时间参照语言让说话者对未来和现在之间的区别有更大的感知，可能因此会忽视长期的结果和趋势。

负债规避

负债规避，是鲁文斯坦最有趣的发现，可以说它是对损失规避原理以及泰勒心理账户理论在分期付款消费领域的一个证实。

负债规避是说很多情况下人们不喜欢负债分期付款消费，但是，车轱辘话说回来，有些时候，人们又喜欢负债分期付款消费。

先做个调查。

假设你准备去你最想去的越南转一转,旅行社报价是 5600 块。假设这个旅行社声誉相当好,所以不必考虑欺诈的问题。它有两种付款方案供你选择:

A. 一次性付费方案。旅行之前一次付费 5600 元,包含饮食、住宿、交通等项目。

B. 分别付费方案。饮食、住宿、交通等项目分别缴费,也就是消费一次掏一次钱,加起来是 5600 元。

你选哪种?

根据传统经济学的理论,钱是有时间价值的,当然是方案 B 合算。但鲁文斯坦的研究证明,大部分人会选择方案 A。参加旅游团旅游,一次缴清旅行所有费用和先付一部分钱,然后每次门票费再另付,可能路线、费用都一样,但舒服度是完全不同的。前一种是怎么玩乐怎么高兴,因为钱已付了;后一种情绪变化会比较大,因为总在掏钱。

再做一个调查:

你希望买一台电视,价格 5600 元,正好某家电商场有分期付款业务。你也有两种选择,第一种是一次付清,第二种是分六期付,免利息。

鲁文斯坦的实验证明,这时人们的答案反过来了:84% 的人选择分期付款。

消费愉悦VS支付痛楚

人们为什么会对负债会产生两种截然不同的态度呢?

比如说,旅游,虽然分次付款有经济上的好处,但是一次次付款的痛楚会降低他们的愉悦感。

根据泰勒四原则原理和损失规避原理,人们消费时愉悦的同时还要经历支付的痛苦。把旅游的享受和支付的痛苦分开,一个人才会更快乐。同时,如果付钱有一种痛感在里面,那不妨让这些痛一步到位。

但如果每次能把消费愉悦和支付痛楚放在一个账户里,比如,你在每期付钱时,想想新房子住上了,大屏幕等离子电视看上了,这些快乐可以冲销分期付款的痛楚。

套餐,套你没商量

千刀万剐,或一剑封喉,都是一死,但显然后一种死法比较轻松。

消费者埋单也一样,须知支付是一种痛苦。让我们做个测试。

假设一杯可乐要6元,一个汉堡包要10元,一包薯条4元。这时候,商家推出一个促销政策,汉堡、可乐加薯条套餐只要19元。这个时候,可乐、薯条的销量都会上升。因为顾客实际受到一种暗示,把这三样全吃了,才叫完整的一顿饭。虽然从整体来讲给予的优惠很小,但是顾客愿意一次性埋单，认为胜过分三次出钱。

一些家具厂商以"家具套餐"方式促销，与总价相比，让利幅度挺大。一些顾客不考虑自己的实际需求，就贸然买下"套餐"。但是，经常不是买回了不实用的东西，就是买下根本用不着的东西，实际上并没有享受到优惠。

支付痛感决定了你的慷慨程度

没有人喜欢别人用"吝啬"或者"挥霍"来形容自己，但这两个词却可以很好地注解一个人的消费行为倾向。

鲁文斯坦指出，所谓"吝啬"是指那些"在花钱之前感到心痛"的人，所以他们实际花费的总是比自己希望花费的要少。而所谓"挥霍"的人，是指在花钱的时候"根本没有太多感觉"，所以他们总是比自己原本打算花的要多。人们所感受到的"付钱的痛苦"的程度决定了他们是"吝啬鬼"还是"挥霍狂"。

鲁文斯坦和同事斯科特·里克做了两项实验。

在5个月的时间里，538名学生被告知，为感谢他们完成亚马逊网站的调研，亚马逊公司将赠送给他们每人一整套DVD影碟。

DVD将在28天内免费送达，其中一部分学生被问到是否愿意支付5美元来换得次日快递DVD。

而另一部分学生则被告知，他们只需支付区区5美元的手续费就可换得次日快递DVD。

调查结果显示：虽然"吝啬型"的人对"手续费"要敏感得多，但是，愿意支付"区区5美元手续费"的人比支付"5美元"的人多了20%。

而"挥霍型"的人则对费率是如何制定的完全不关心，他们只关心拿到DVD的时候有多么高兴。

在第二项实验中，鲁文斯坦改变了假设的前提，即人们花100美元按摩，有两种选择，第一种是可以缓解背痛的功能型按摩，第二种是为了享乐的享受型按摩。

实验结果表明，为缓解背痛而按摩的人在付钱的时候要比为享乐而按摩的人爽快得多；而"吝啬型"的人付钱的时候要比"挥霍型"的人心疼得多。

"吝啬型"的人中愿意花钱按摩的要比"挥霍型"的人少得多，但最终的差别还是要取决于按摩是怎样界定的：在选择享乐型按摩的人中，"挥霍型"的人要比"吝啬型"的人多26%，而在选择功能型按摩的人中，"挥霍型"的人只比"吝啬型"的人多9%。

小气鬼和败家子是天生一对吗

我们稍微延伸一下话题，谈谈鲁文斯坦的其他研究。

你是否遇见过这样的事情：节俭的丈夫娶了个败家的老婆，抠门的老婆找了个爱挥霍的老公。难道不是冤家不聚头？

小气鬼与挥霍者往往相互吸引，容易配对成为夫妻，这其中到底有什么玄机？

大约2004年，卡内基梅隆大学行为经济学教授鲁文斯坦和同事斯科特·里克（Scott Rick）教授设计了一种 ST-TW（挥霍—吝啬）调研问卷，来评估"花钱习惯的个体差异"。

问卷要求受访者按 1~11 的等级对自己是小气还是挥霍进行评分，以此来归纳他们的某种消费行为，并判断吝啬和挥霍两种消费习惯哪种更能代表他们真正的消费行为。

鲁文斯坦没有直接要求受访者对"购物时的情绪"做出评论，因为受访者可能没有有意识地总结自己当时的情绪，相反他们要求受访者"指出自己实际的消费习惯与理想中的消费习惯的差异"。

截至 2007 年的 31 个月中一共有 13327 名受访者回答了这四个问题。被调查者被分为三类：吝啬型、中间型和挥霍型。

调查结果非常有趣：

· 男人比女人吝啬得多；
· 年轻人比老年人更挥霍；
· 受教育程度越高的人越容易吝啬；
· 即使挥霍无度的月光族，就总体而言抠门的人要比大手大脚的人多，两者的比例是 3∶2；
· 总体言之，"吝啬型"的人对价格更加敏感，而"挥霍型"的人则对产品本身的品质以及"购物所带来的乐趣"更加在意。

最耐人寻味的是，对已婚人士的调查显示，越是抠门的人越容易迷上花钱大手大脚的人，而越是挥霍的人，越希望找个节俭的对象。

可是，大多数未婚的被调查者都表示，他们想要和一个消费倾向与自己相似的人结婚。事实上，人们口中所描述的理想伴侣的个性，往往与现实中真正吸引他们的伴侣性格完全不同。

第13章
这样做，最经济

行为经济学逐渐形成一个流派：幸福经济学。

但是，汪丁丁教授认为，"幸福"这个概念其实未必准确，"满意"或许更为恰当。

大量一般的好消息比一个非常好的消息更令人感到满意。经常崭露头角比一鸣惊人会更让人感到满意；每天逛街一次比每周逛街一次更让人感到满意。

忧愁是可微的，快乐是可积的，我们运用行为经济学的原理，将满意最大化，痛苦最小化。

"穷病"如何治

老话说，贫贱夫妻百事哀。穷，可以说是生活中大部分烦恼的根源。电影《我不是药神》有句台词："世界上只有一种病，叫作穷病！"自此，"穷病"一词广为流传。

贫穷会让人痛苦、绝望，称之为病痛，并不为过。如何才能治疗"穷病"？这个问题古往今来，无数智者都思考、实践过，并由此诞生了一门"穷人经济学"——发展经济学。

你该如何说服马斯克捐60亿？

2021年10月，联合国世界粮食计划署署长大卫·比斯利指名道姓地呼吁，像马斯克、贝佐斯这样的亿万富翁应该"站出来，给予一次性的帮助"，比斯利声称，只要仅仅60亿美元，就能挽救全世界4200万人的生命。

马斯克则回应称，如果世界粮食计划署能够通过透明公开的方案，"在这里解释清楚如何用60亿美元来解决全球饥饿问题，我现在就卖特斯拉股票捐钱"。

如果你是联合国世界粮食计划署官员，你该如何说服马斯克？能不能拿出令人信服的"穷病"治疗方案呢？

早在2005年，经济学家乔舒亚·安格里斯特就曾出版了一部著作，名叫《贫穷的终结》，在书中，他向全世界乐观地预言：长期困扰人类的贫困问题很可能在不远的将来得到解决。

这种观点一经发布,就遭到了来自学界的反对。美国经济学家威廉·伊斯特利用大量事例表明,尽管富国劳命伤财地对穷国提供援助,但这些援助并没有像萨克斯想象的那样起到消弭贫困的作用。在很多情况下,援助反而让穷人的境况变得更加糟糕了。伊斯特利还特意将这些案例整理成一本书,并起了一个非常有争议的书名,叫作《白人的负担》。

用医学的方法研究"穷病"

巴纳吉和迪弗洛本是师生关系,后来结为夫妻,并于2019年共同获得了诺贝尔经济学奖。

巴纳吉和迪弗洛之所以能折桂诺奖,是因为他们建立了一个"贫穷实验室",用随机双盲对照实验的方法,来研究"贫穷"这种疾病。

事实上,迪弗洛并不是巴纳吉阴影下的弱女子,相反,她是帮助巴纳吉走向成功的女人。

选择用实验方法研究治疗"穷病"的契机,源于迪弗洛攻读博士期间受到导师乔舒亚·安格里斯特的影响,对,就是写《贫穷的终结》的那位,而她又影响了巴纳吉。

巴纳吉和迪弗洛一改前辈们指点江山的风格,转而从更为微观的视角——田野的方法来研究滋生贫穷的原因以及应对之策。

巴纳吉和迪弗洛的研究团队前后花了20多年的时间,深入全球18个国家和地区的穷人中间,去了解穷人的生活,研究穷人的行为模式,最后写成了一本书叫《贫穷的本质:我们为什么摆脱不了贫穷》。

与巴纳吉和迪弗洛同时折桂诺奖的,还有经济学家克雷默,他们共同的研究领域都是"发展经济学",用大白话讲,就是"穷人经济学"。

令克雷默一战成名的论文名叫《经济发展的 O 环理论》。所谓"O 环",这个词来源于一场著名空难,1986 年 1 月 28 日,"挑战者号"在升空时爆炸,七名宇航员在爆炸中丧生。事故发生后,美国政府立即组织了调查。最终表明,造成这场严重灾难的原因,仅是一个完全不起眼的小配件——助推器里的 O 形环。

通过研究,巴纳吉、迪弗洛和克雷默发现,在很多时候,看似难以根治的贫困问题其实只是由一些很小的问题造成的,只要在这些细微的环节做一些工作,就能起到"四两拨千斤"的奇效——行为经济学家称之为"助推"(nudge),帮助穷人摆脱"穷病"的困扰。

其实,你不懂穷人怎么想

贫穷具有一种宿命般的魔力,有着自我强化的特征。很多人因为穷,难以接受好的教育,故而难以找到好的工作。

有的人为了买一部较好的手机去贷款,又陷入了"利滚利"的债务泥潭。

甚至,因为没有钱去支付天价的医药费,贫穷剥夺了续命的权利。

理解了穷人的思考、行为模式,才可能事半功倍地治疗"穷病"。

比如,在很多贫穷的国家和地区,接种流行病疫苗是一件头等大事。但是,只要把疫苗和医疗资源配备齐全,就能达到理想的防疫效果吗?如果不了解穷人的行为模式,就难以取得成功。比如,在接种疫苗问题上,要收费还是免费,甚至要不要发鸡蛋之类的奖品,都关乎疫苗的有效接种率。

如果仅仅花费了一些奖品费用，就能将疫苗接种率提升到80%，从整体来看，这笔钱就花得值。

再如，"扶贫必扶智"，在教育资源总体有限的条件下，究竟应该把这些资源分配到什么地方呢？是优先用来给学生买课本，还是优先解决学生的午餐问题？

只有把诸如此类的实操问题研究明白，治疗"穷病"才能更加有效，也才能让"贫穷的终结"来得更早一些。

钱多未必能搞定一切

10多年前，科学家们遇到一个问题：如何能改善伦敦至巴黎之旅？

他们想出了一个绝佳的工程解决方案，即花费60亿英镑在伦敦和巴黎的蔚蓝海岸之间建造全新的轨道，使三个半小时的旅程减少40分钟。

但是，行为经济学家不认为这是什么好主意。在行为经济学家看来，这种改善火车之旅的方法是出于"钱能摆平一切"的思维惯性，缺乏想象力。

行为经济学家给出的一项建议是：花钱长期雇用一些漂亮的男模、女模，在旅途的全程走秀，免费提供法国干红葡萄酒等饮品，供旅客享用。这样的话，还能省下30亿英镑，而且人们反而还会要求火车开得慢点。

以更小的代价，将全民的满意度、幸福度大幅提升，花小钱、办大事，提升幸福的总额度，是经济学的终极任务。

甲说：有钱买不到幸福。乙抬杠：那是你不会买。

趋乐避苦是人类行为的终极原则，追求快乐是人类行为的终极目的。快乐，也是行为经济学研究的一个对象。

幸福经济学，是近年来兴起的一个热门话题。

但是，"幸福"一词其实是有争议的，未必准确，用满足、满意，或许更接近宗旨。

峰终定律决定你是否幸福

一天，你在街上走着。

迎面走来一个人，拿着摄像机问你：你幸福吗？

你会怎样回答？

事实上，当你回忆自己的人生是否幸福时，主要取决于两个体验。

第一，在过去的生活中，你是否有过一段非常快乐（或悲惨）的经历。

上学要读十几年书，平时的各种大考小考，起起伏伏。

假如有人问你，你学生时代算差生还是优等生？很多人肯定首先回忆的是自己考得最好的那次，或者考得最差的那次作为判断的依据。有位朋友曾经为了财富睡过马路、被人羞辱甚至坐过牢，如今虽然富甲一方，仍难逃心理阴影，回忆起来仍觉得人生悲凉。

第二，你最近一段时间是否有过一段非常快乐（或悲惨）的经历。

假如你昨天偶遇一位佳人，并与之确立恋爱关系。这个时候，你觉得看周围的一切都那么顺眼，那么有趣。这时，突然冒出个举摄像机的家伙，你是不是也非常开心？

假如昨天晚上你才和老婆大吵一架，刚才又被客户投诉，你正窝火呢，突然有个人问你幸福吗，你会怎么说？

卡尼曼和特韦斯基经过深入研究，发现人们对体验的记忆很不客观，主要由两个因素决定：高峰（无论是正向的还是负向的）时与结束时的感觉。这就是峰终定律（Peak-End Rule）。

卡尼曼做过一个有趣的实验，让一群学生相比另一群学生多听 8 秒钟相对之前较弱的噪声，但是相比仅仅听了较强噪声的学生，这些多听 8 秒钟的学生反而感觉更好。峰终定律，可以用来提升人生的幸福感。

人生如戏，戏如人生

人这一辈子，活得是否"值"，要在盖棺定论那天才算。

就算一辈子坎坎坷坷，但人争一口气，只要最后遂愿，人生也就圆满了。

就像一个故事，开头只是开胃菜，诱导读者读下去。高潮和结尾才能最终形成对这个故事的印象。

卡尼曼举过一个例子，在歌剧《茶花女》的最末部分，男主角终于赶到了奄奄一息的女主角身前，在分别多年后，有情人终于团聚，但女主角在 10 分钟美妙的音乐过后便死去了。

试想如果不是这 10 分钟，是不是《茶花女》就会是一个完全不同的故事？

10 分钟，对于人的漫长一生来说真的如此重要吗？

因为我们的记忆会不自觉地将过程都忽略，一些关键时刻，特别是开始、高潮和结尾就代表了整个阶段，所以对于一部经典歌剧的感受，在很大程度上正是由这最后 10 分钟所决定的。

人生如戏，取决于高峰体验，并且卒章显志。

如果花的是自己挣的钱，我们一点都不反对"大办"婚礼和丧礼。

普通人的一生，并没有那么多的戏剧性与浪漫情节。对于太多的普通人，婚礼就是人生的一个高峰体验，丧礼就是最后的哀荣。

正如一个国家，在做好社会保障、食品安全工作的前提下，不妨大办奥运会、大办世博会，这样能够起到国家营销的作用。

施恩于人，宜点滴渐进

让我们再回忆一下泰勒的心理账户利用四原则：

①收益拆分原则。

②损失合并原则。

③大收益与小损失合并原则。

④小收益与大损失拆分原则。

利用这四条心理账户利用原则，可以增强我们的满足感。

根据原则①，我们可知，满足感，更多地取决于正面情绪出现的次数，而不是正面情绪出现的强度。

比如，如果你想减肥，请用小碗吃饭并购买小包装的食品，这样就能以较低的热量摄入换取较大的食欲满足。

施恩于某个人，要点滴渐进、累次叠加，不宜一次全给。

比如，你是个富翁，想赠与某人 100 万美元。如果一次全给，不但会给被赠予人沉重的心理负担，而且效果没有分次给的好。

如果你分若干年，以不同的形式给予他，效果可能会比一次给一百万效果好得多，对方也会更快乐。

个中道理，还可以用在员工薪酬制度的设计上，具体如何操作不再赘述。

老张中了一个200元的福利彩票。

老沈中了个50元的体育彩票和一个150元的福利彩票。

这两位谁更快乐？

多数人都会认为老沈更快乐。

我们可以把"收益拆分原则"这样推演：如果有多个经济活动均涉及"好处"，尽可能地单列。

长痛不如短痛

侯宝林有一个楼上楼下的段子。楼上的小伙子喜欢穿大皮靴，深夜归来习惯随手扔靴子，楼下的老头儿睡得早、觉又轻，动不动就被小伙子的大意惊醒，时间长了老头儿反而养成了听到两声靴响入睡的习惯。

问题出在"突然"。突然小伙子不知怎么在扔下第一只靴子之后想起了楼下老头儿的提醒，第二只靴子被轻轻地放到地板上，不知道小伙子这个变化的老头儿却为了等候第二个靴声而一夜未睡。

细雨常润的幸福感，比久旱逢暴雨的幸福效用更大。而痛苦的感觉正好相反，正所谓长痛不如短痛。钝刀子杀人比较残忍，有什么坏事儿倒不如来个痛快。

虽然对很多人来说，购物是一种乐趣，刷卡是一种痛快，但一定要相信，人在付款的时候是有痛感的。这其实体现的就是"损失合并原则"。

上点档次的鞋店里都会同时卖几款鞋油，并且这些鞋油都挺贵。可以想象，既然已经花2000块钱买皮鞋了，还会在乎80块钱买盒鞋油吗？顾客的心理账户就这样被摧毁了。

天价装修材料也是在这样的情形下卖出的，都花200万元买了套房子，还会在乎1万元买只天天都要用到的马桶吗？

很多人都会有这种想法：既然痛苦不可避免，索性让痛苦一次性完成。

根据"损失合并原则"，企业在销售昂贵东西的时候，尽可能地创造搭售的备选件，这样比较容易卖给顾客。

比如，很多汽车的备选件就是这么被推销的。有经验的汽车销售员常常报一个加了备选件的总价格，而不是单独强调某一个备选件的价格，让您觉得和标准型一比，总开支没加多少。

先报喜，后报忧

有一则老掉牙的笑话，说有两个消息，一个好消息，一个坏消息，你们要先听哪一个？

坏消息是：我们已经迷路啦，只能吃牛粪了！

好消息是：有很多牛粪。

其实，在好消息和坏消息不变的情况下，公布的方式不同，效果（笑果）也会不同。

我们把前面的笑话中恶搞的成分去掉，稍作改编：有两个消息，一个好消息，一个坏消息，你们要先听哪一个？

坏消息是：我们已经迷路啦，只能吃苹果了！

好消息是：有很多苹果。

显然，先报喜后报忧，带给大家的快乐要多一些。

股市不景气，老张的股票损失了90万元。

老沈在这次金融危机中损失了100万元，但是投资的房产赚了10万元。

这两位谁更郁闷？

当然是老张。

如果有某个经济活动涉及大笔开支/损失，同时有某个经济活动减少了一点该损失，把该经济活动单列出来。

重大利好可以"冲喜"

为什么大收益与小损失要合并？因为大收益可以拿来"冲喜"。

张三的某部稿子，从出版社拿了50000元稿费，但张三必须自行缴纳8000元税费。

同样的稿子，张三只从另一家出版社拿到42000元，出版社代缴代扣了8000元税费。

哪种情况，对张三来说更愉快呢？

事实上，扣除所得税比直接让人去缴税更好受一些。这广泛应用于从月收入中扣除一部分收入来支付各种商业保险和分期付款。

老张等老板发奖金，自己估计是 3000 块。奖金到手，果然是 3000 块。但是一周后财务打电话说奖金发错了，要老张退回 500 块。

老沈也等老板发奖金，自己估计也是 3000 块。但是一周后，奖金到手只有 2500 块。

他俩谁更郁闷？

多数人认为这次还是老张更郁闷。

大的好事可以达到"冲喜"的效果。如果有某个经济活动涉及开支/损失，找个另外有收益的经济活动并且收益超过前述损失的，合并它们。

送礼有学问，效果大不同

送礼并不是越贵越好，秘诀取决于选择什么样的礼品和以什么样的方式去送。

第一，宁送"鸡首"，不送"牛后"。

俗话说：宁为鸡首不为牛后。送礼也有异曲同工之妙。

送礼的时候后，在一款小礼物类别中选择一个极品，要比在一个大礼物类别里选一个普通物品效果更好。

比如，送一只价格 1000 块的打火机，其效果要好于送一台 1200 块的电视机。很多送礼高手都会留意一些高级的小玩意。

媒体一直在批判"天价烟"，但是卖到天价的香烟越来越多了。有需求才会有市场，买这些烟的人，真正自己抽的很少。

第二，无用之用，是为大用。

送给他人最好的礼物应该是不能吃、不能喝、不能用、不能扔的东西。比如一座造型别致、具有纪念意义的奖杯，上面刻有对方的名字。

几包烟、几瓶酒、几盒月饼这类能抽掉、喝掉、吃掉的东西，很有可能在你放下的几秒钟内，主人已经决定了它的去向。

第三，送他想要的，却不好说的。

没有什么比满足对方所需更能使其对你产生好感的礼物了。所以，你应该把对方想要却舍不得买、想买却不好意思买、想买却找不到地方买的东西作为礼物或者奖励送给他。

比如是一张5星级酒店豪华套餐的高档餐券、对方急于寻求却屡被告之售罄的演唱会门票等，既满足了对方的现实需求，又增添了对方的心理满足感。

两好选一好，不如没的选

据说，"二战"期间，英军在缅甸被日本人围困，国民党政府从云南派兵解救。事后出于答谢，英国给出两个选择，一是归还唐摹本《女史箴图》，二是赠以潜艇。

当时的国情，自然是选择后者。如今潜艇早已退休，《女史箴图》价值节节攀升，让很多人扼腕叹息

无论是作为奖励还是要赠与对方礼物，最好不要让接受奖励或礼物的人在多项答案中选择。

试想一下，如果是你处于这种二选一或者多选一的奖励当中，会是

什么样的心情？答案是，很多人会有一种"我放弃了另外一种选择"的感觉，并且为此而患得患失，十分不痛快。

比较经典的反例就是：奖励香港三日游或者现金3000元。在两者之间选择其一的获奖者当中，有相当多的人会在选择时犹豫不决，并且在选择之后又后悔自己当初没有接受另外一个选择。

苦乐皆有适应性

我们常常低估自己的适应性。无论苦乐，我们都能很快适应。

晚明的张岱，少为纨绔子弟，极爱繁华，好美婢，好娈童，好鲜衣，好美食，好骏马，好华灯，好烟火，好梨园，好鼓吹，好古董，好花鸟，兼以茶淫橘虐、书蠹诗魔……

然而，这位张岱，豪华半生，皆成梦幻。年至五十，国破家亡，避迹山居。所存者，破床碎几，折鼎病琴，与残书数帙，缺砚一方而已。布衣蔬食，常至断炊。回首三十年前，真如隔世。

张岱也终于适应了这一切，活了将近90岁。

美国的一项研究表明，中彩者（中彩的金额平均为479545美元）与没有中彩的人相比，幸福感并没有显著差异。

中国的经济增长取得了举世瞩目的成就，但并不是所有的人都感到相应的幸福。也就是说，钱多了，生活幸福水平未必就会提高。

"忆苦思甜"是老办法，过去经常会有忆苦思甜报告会，目的是让人们对当前的情况感觉满足。

如今，物质生活水平提高了，但许多人始终有一种"空虚感"，这里一个重要的原因就是前景理论中提到的：我们的参照点在不断提高。

"忆苦思甜"能够使我们不忘记过去的收获状态，使参照点不至于迅速提高，从而提高我们的幸福感，这也是"忆苦思甜"的原理所在。

好消息应当提早宣布

鲁文斯坦教授曾经做过这样一个实验：告诉一组大学生，他们过一会儿有机会得到一个吻，而且是来自自己最喜爱的好莱坞明星；另一组被告知在一周后得到同样一个令人激动的吻。

后一组学生的满足程度高于前一组，因为他们在期待的这一个星期里每天都会以非常真实的心态想象自己和最喜爱的电影明星接吻的情形，就好像已经和那个明星接吻了好多次一样。

期待好事的过程也是一种快乐，从而增强快乐的效果。比如，让情人在期待的过程中提前想象相聚所带来的欢愉。再比如，尽早宣布送给朋友一个礼物，如果可能实现的话，在开始就给出承诺。

有人喜欢给亲朋制造意外惊喜，但是这种意外惊喜不一定能够将欢喜最大化。

适度"包装"的必要性

同样一瓶容量500毫升的纯净水，在价格相同的情况下，多数人会挑选瓶子设计更有美感那瓶。

心理学家曾经做过这样一个实验:

在一家咖啡厅里,实验人员专门为顾客提供一种新的咖啡,并免费品尝,但是要求顾客在品尝之后给这种新咖啡一个建议价格。实验人员将所有顾客分成两组来品尝这种新咖啡。

供第一组测试的顾客品尝的咖啡是盛放在纸杯中的。供第二组顾客品尝的咖啡是盛放在非常考究的陶瓷咖啡杯中,并且还配上了托盘。

实验统计结果表明,两组顾客品尝的咖啡是相同的,结果却相差很多,使用陶瓷咖啡杯品尝的那一组顾客,平均出价金额要远远高于使用纸杯品尝那一组的出价。

这个实验还说明了一个问题,杯子竟然成了影响顾客出价的重要因素,精美的杯子会让被测试的顾客产生了高品质预期,进而和嗅觉、味觉等感觉混合,形成一种更好的味道。

有人对月饼这种点心用精美的包装盒感到可惜,痛斥为"过度包装"。但是,这个"度"在哪里,怎么才能界定,却含糊不清。或许,在技术不发达的年代,用马粪纸也是一种过度包装吧。发出这种批评的人,却不会为自己乘坐的高级座驾感到过度包装,因为按照这种逻辑,汽车只要能代步即可。一些高档汽车,连汽车关门时候的声音都是经过千挑万选、精心设计的。

密歇根大学的莱恩·埃尔德教授认为:"由于味觉是从多感官衍生而来的,包括气味(嗅觉)、材质(触觉)、外观(视觉)和声音(听觉),如果一个广告能覆盖到以上这些感官,就比单独提及味觉要有效得多。"所以,食品适度包装是有其效用的,包装精美的饮食产品确实更有价值。

回到边沁时代

杰瑞米·边沁（1748—1832）是英国的法理学家、哲学家、经济学家和社会改革者。边沁认为，最好的社会，就是其中的公民最幸福的社会。也因此，最好的政策就是能产生最大幸福的政策。

边沁认为，快乐应该是可以量化的。卡尼曼在《回到边沁》一文中，主张让经济学的基础从马歇尔的效用回到边沁的价值（快乐）。价值，是一个感性的又大致可以量化的概念。

边沁的功利主义（Utilitarianism）认为，人应该做出能"达到最大善"的行为，所谓最大善的计算则必须依靠此行为所涉及的每个个体之苦乐感觉的总和，其中每个个体都被视为具相同分量，且快乐与痛苦是能够换算的，痛苦仅是"负的快乐"。

不同于一般的伦理学说，功利主义不考虑一个人行为的动机与手段，仅考虑一个行为的结果对最大快乐值的影响。

能增加最大快乐值的即是善，反之即为恶。

伊斯特林悖论

传统经济学认为金钱的效用是绝对的，行为经济学则告诉我们，金钱的效用是相对的。这就是财富与幸福之间的悖论。

美国南加州大学经济学教授理查德·伊斯特林（R. Easterlin）在他1974年的著作《经济增长可以在多大程度上提高人们的快乐》中提出，通常在一个国家内，富人报告的平均幸福和快乐水平高于穷人，但如果进行跨国比较，穷国的幸福水平与富国几乎一样高。

比如，日本人的平均国民收入是波兰人的十倍，但两国国民的幸福水平却不相上下。

波兰人和匈牙利人的经济收入相当，但波兰人明显比匈牙利人更自在。

此外，伊斯特林通过调查还发现，40岁左右是人一生中幸福感最强的时期。这可能与很多中国人的感受有点出入，因为很多人40岁的时候正是"上有老下有小"，如果事业不成功，就会压力很大。当然，人具有适应性。所谓"四十不惑"，就算收入不高，已然学会了自我调节。

学者黄有光先生提出了"幸福鸿沟"的概念："总体而言，在收入水平非常低的时候，收入与快乐之间关联度更为紧密，但尽管如此，在影响个人快乐的所有变数当中，收入决定快乐的比重仍不超过2%。"

"幸福学"的创立者、旅美华裔经济学家奚恺元先生进一步指出，财富仅仅是能够带来幸福的很小因素之一，人们是否幸福，很大程度上取决于很多和绝对财富无关的因素。人类最终追求的是生活幸福的最大化，而不是拥有更多金钱。因为从"效用最大化"的观点来看，能够使我们在生活中产生最大愉悦感、满足感的并不是财富，而恰恰是幸福本身。

幸福、快乐应该是整个社会追求的福利目标，它并不主要取决于这个国家物质财富的多少，而应当是物质富裕、政治民主、文化先进、社会和谐、生态文明的统一体。一个国家只有在这些方面协调发展了，国民的满意度、幸福感才能增强。

当然，幸福不仅取决于外物，也与我们的态度有关。所谓山不转水转，水不转路转，路不转心转。

法兰可从他在奥斯维辛集中营的经验中得到一个结论：在最后关头，你可以拿走一个人所有的一切，只除一样，那就是人最终的一种自由——去选择自己在面对任何处境下的态度的自由。

财富能够继承，合理吗

拼爹或者祖荫，本来就有天然的合理性。谁不爱自己的孩子呢？但毕竟，天下大同才是潮流所向，人心所向。

不妨换一个问法：为什么权力不可以世袭，财富（资本）就可以世袭？

最常见的回答，不外乎"权力是公器，财富是自己挣的"之类的。

其实，放在100多年前，权力也是可以继承的，"打天下，坐天下"天经地义。

即使在自诩民主灯塔的美利坚，依然存在着政治家族，如布什家族、肯尼迪家族；在日本，自民党里一半都是官二代三代甚至还有四代。

权力是一种公器，难道财富（资本）就不是公器了吗？否则，"遗产税"就没有法理基础了。

早在古罗马时期，奥古斯都大帝就对帝国境内资产达到一定数额的人，因死亡而发生的一切继承、遗赠和赠与行为，按资产当值的1/20征税。这就是最早的遗产税。

事实上，遗产税是一种直接税，普遍征收，往往得不偿失。

2000多年前,齐桓公就曾经问管仲,要不要征收遗产税这种"人头税"?管仲认为不妥,因为人们会感到"痛"。

遗产税只要针对极少数巨富阶层征收即可。他们掌握着"资本"这种公器,而"富二代"们又往往难以发挥出彩。

美国第45任总统特朗普就是世袭了他父亲的巨额财富。

特朗普特别善于吹嘘自己的商业才能,但他实际只是在吃老本,经营能力其实非常蹩脚。巴菲特曾嘲讽特朗普的经营能力,称其尚不如猴子。巴菲特将矛头指向特朗普的大西洋城酒店业务。巴菲特说:"在1995年后的每一年,这家公司年年亏损,他拿出4400万美元来填补缺口。"

"在1995年他成立这家公司的时候,如果交给一只猴子去经营,该公司股票的收益都能超过150%。而听信了特朗普美妙'歌声'的投资人每1美元损失90美分,最后只剩下一枚硬币。"

即便是在私有制社会,对于巨富们而言,脱离了整个社会,仅靠自己,真的能挣那么多钱吗?社会责任感,不仅仅是利他思维,也是一种利己思维。

"节制资本""效率优先、兼顾公平",都反映了对财富"公器"属性的认知。

无论权力还是财富,承袭祖荫,一直都是存在的,且具有某种程度上天然的合理性,但与世界潮流已经渐行渐远。

权力和财富一样,具有"滚雪球"般的马太效应。"天之道,损有余以奉不足;人之道,损不足以奉有余。"无论权力还是财富,都需要给予一定力度的调节,才能防止"权力任性""阶层固化""躺平""低欲望社会",才能实现整体利益的最大化,才不至于酿成灾难性的后果。

既不挫伤整体社会的活力,又避免社会的两极分化,只需要向最富有的那群人征收遗产税就可以了。

国民幸福总值

国民幸福总值（GNH，Gross National Happiness），又称"国民幸福指数"，是一个新兴概念，由不丹国王吉格梅·辛格·旺楚克提出。

旺楚克认为"政策应该关注幸福，并应以实现幸福为目标"，人生"基本的问题是如何在物质生活（包括科学技术的种种好处）和精神生活之间保持平衡"。

在这种执政理念的指导下，不丹创造性地提出了由政府善治、经济增长、文化发展和环境保护四级组成的"国民幸福总值"（GNH）指标。

如果说国内生产总值（GDP）和国民生产总值（GNP）是衡量国富、民富的标准，那么国民幸福指数（GNH）就是衡量人们对自身生存和发展状况的感受和体验，即人们常说的幸福感。

与过去推崇"生产总值"时的"物质为本、生产为本"经济模式相比，"幸福总值"更多的是对"以人为本"理念的体现。

所以，不丹国王制定政策的原则是：在实现现代化的同时，不能失去精神生活、平和心态和国民的幸福。在不丹，幸福并不是由拥有或占有的财富决定的，而是由人们拥有的知识、生活技能、理想、同情心、互相合作等因素组成的。